Deutsch für Jugendliche

Intensivtrainer

Sarah Fleer
Margret Rodi
Bettina Schwieger

Ernst Klett Sprachen
Stuttgart

Autoren: Sarah Fleer, Margret Rodi, Bettina Schwieger
Projektleitung: Felice Lembeck
Redaktion: Carola Jeschke
Layoutkonzeption und Gestaltung: Andrea Pfeifer, München
Illustrationen: Andrea Naumann, Aachen
Satz: Satz & mehr, Besigheim
Umschlaggestaltung: Studio Schübel, München
Titelbild und Auftragsfotos: Dieter Mayr, München

Informationen und zu diesem Titel passende Produkte finden Sie auf **www.klett-sprachen.de/klasse**

1. Auflage 1 [7] [6] [5] | 2026 25 24

© Ernst Klett Sprachen GmbH, Rotebühlstraße 77, 70178 Stuttgart, 2020
Alle Rechte vorbehalten. Die Nutzung der Inhalte für Text- und Data-Mining ist ausdrücklich vorbehalten und daher untersagt.
www.klett-sprachen.de

Das Werk und seine Teile sind urheberrechtlich geschützt. Jede Nutzung in anderen als den gesetzlich zugelassenen Fällen bedarf der vorherigen schriftlichen Einwilligung des Verlags.

Druck und Bindung: Elanders Waiblingen GmbH

ISBN 978-3-12-607145-1

Willkommen im Intensivtrainer zu Klasse!

Inhalt

Symbole im Intensivtrainer

▶KB1 Die Übung im Intensivtrainer kannst du nach der Aufgabe 1 im Kursbuch machen. (Im Kapitel „Willkommen zurück – noch fit?" übst du noch einmal Grammatik und Wortschatz aus dem Kursbuch A2: ▶KBA2 K1 = **K**urs**b**uch **A2**, **K**apitel **1**).

 Diese Übung ist etwas einfacher.

 Diese Übung ist etwas schwieriger.

 Du schreibst einen Text.

1. 2. 3. A B C

Verbinde.

Schreib. / Notiere. / Mache Notizen.

Kreuze an.

Markiere.

Ordne zu.

Ergänze.

Lies.

Willkommen zurück – noch fit?

1 **a** **Was war in den Ferien los? – Ergänze die Partizipien.**

▶KBA2 K1, 2

● Hi Kim, ich habe in den Ferien viele neue Filme _gesehen_ _______ (1 sehen).
Und du, hast du viel _______________ (2 arbeiten)?

○ Ja, aber Leo und ich haben auch eine Party für meine Oma _______________ (3 organisieren).
Ich habe die Einladungen _______________ (4 schreiben) und drei Kuchen
_______________ (5 backen). Leo hat ein Lied _______________ (6 üben).

● Cool! Und wann habt ihr die Party _______________ (7 feiern)?

○ Am Samstag. Es war toll, aber ich habe zu viel Kuchen _______________ (8 essen).

b **Lies die Nachrichten. Ergänze die richtigen Formen von *haben* oder *sein*.**

A
Was _hast_ ____ (1) du gestern gemacht?
Ich __________ (2) mit Niko zu Tim gefahren.
Wir __________ (3) Computerspiele gespielt.

B
__________ ihr gestern Basketball gespielt?
Nein, Felix __________ (1) nicht zum Spiel gegangen.
Deshalb __________ (2) ich auch zu Hause geblieben.

C
Du __________ (1) gestern nicht zum Training gekommen. __________ (2) etwas passiert?
Ja, meine Katze __________ (3) gestorben.

c **Die Sport-AG – Schreib die Sätze im Perfekt.**

1. Wir machen bei der Sport-AG mit. _Wir haben bei der Sport-AG mitgemacht._
2. Die AG beginnt mit einem Fußballspiel. _______________
3. Max versucht einen neuen Trick. _______________
4. Anna bereitet drei Tore vor. _______________
5. Unser Team gewinnt das Spiel. _______________

2 **Ergänze die Reflexivpronomen und die reflexiven Verben.**

▶KBA2 K3

1. ● Der Bus kommt in drei Minuten, ihr müsst _euch_ ____ _beeilen_ ______. (sich beeilen)
   ○ Ja, ja. Wir gehen schon.
2. ● Luis ist richtig gut in der Schule.
   ○ Ja, stimmt. Er _______________ __________ immer auf Tests __________. (sich vorbereiten)
3. ● Morgen hast du Geburtstag!
   ○ Ja! Ich _______________ __________! (sich freuen)
4. ● Du kannst __________ noch etwas _______________. (sich ausruhen)
   ○ Super!

3 Ergänze *müssen, können, wollen, sollen, dürfen* in der richtigen Form im Präteritum. Manchmal gibt es mehrere Möglichkeiten.

▶KBA2 K4

Hallo Rike,

wie geht's? Unsere Klassenfahrt war total doof. Wir wollten (1) Boot fahren, aber wir ___ (2) nicht. Jeden Tag Regen! Unsere Lehrerin ___ (3) immer mit uns ins Museum gehen. Das war ganz interessant. Einmal ___ (4) ich mit einer Freundin in die Stadt gehen, aber ich ___ (5) nicht. Wir ___ (6) immer bei der Lehrerin bleiben ☹. Wie war deine Klassenfahrt? ___ (7) ihr zu zweit in die Stadt gehen? Schreib mir bald.

Deine Maren

4 a Schreib Vergleiche mit Komparativ und *als*.

▶KBA2 K5

1. Lukas ist 16 Jahre alt, Henri ist 15. Lukas ist älter als Henri. (alt)
2. Leo ist 9 Jahre alt, Kim ist 15. ___ (jung)
3. Marie ist 1,66 m groß, Jenny ist 1,70 m. ___ (klein)
4. Lars ist 1,74 m groß, Lukas ist 1,72 m. ___ (groß)

b Wer ist am besten? – Schreib Sätze mit Superlativ.

hoch springen ✦ schnell laufen ✦ schön singen ✦ gut in Mathe sein

Sarah springt am höchsten.

5 Ergänze die passenden Formen von *können* oder *haben* im Konjunktiv II.

▶KBA2 K6, 8

A

- ● Wir könnten (1) doch auch nach der Projektwoche noch etwas für die Umwelt tun, oder?
- ○ Ja, ich ___ (2) mehr Rad fahren und du ___ (3) ja bei der Umwelt-AG mitmachen. Und Emil?
- ○ Der ___ (4) weniger Fastfood essen.

B

- ● Hallo, was ___ (1) du denn gern?
- ○ Ich ___ (2) gern Banane und Joghurt.
- ● Gern. Und was nehmt ihr?
- ○ Wir ___ (3) gern einmal Schokolade und einmal Erdbeer.

6 Gründe nennen mit *denn* oder *weil* – Was passt? Kreuze an.

▶KBA2 K1, 4, 9, 11

1. Felix kommt heute nicht, ☐ denn ☐ weil er krank ist.
2. Mina packt ihren Bikini ein, ☐ denn ☐ weil es ist heute sehr heiß.
3. Die 8a ist diese Woche nicht in der Schule, ☐ denn ☐ weil sie ist auf Klassenfahrt.
4. Die Jugendherberge ist toll, ☐ denn ☐ weil man so viel machen darf.

7 a Schreib die Sätze. Beginne mit dem markierten Teil.

▶KBA2 K4, 5, 6, 11

1. sagt – Finja / , ganz toll – ist – dass – die Band
   Finja sagt, dass die Band ganz toll ist.
2. findet – es – gut – Adrian / , er – dass – zum Geburtstag – bekommt – Konzerttickets
   ______
3. Martha – fahren – zum See – will / , wenn – scheint – die Sonne
   ______
4. Fußball spielen – Leon – kann – nicht / , wehtut – sein Fuß – weil
   ______
5. gute Noten – wenn – hat – Pia / , sie – zu einem Festival – darf – fahren
   ______

b Ergänze Nebensätze mit *weil, dass* oder *wenn*.

Ich finde es gut, ... ✦ Ich treffe meine Freunde, ... ✦ Ich brauche einen Schirm, ... ✦ Ich bin sauer, ... ✦ Meine Eltern denken, ... ✦ Ich bin heute (nicht) froh, ...

Ich finde es gut, wenn ich schwimmen gehen kann.

8 a Chaos in Kims Zimmer – Wo liegt/hängt/steht was? Ergänze die passenden Verben und Präpositionen.

▶KBA2 K9

1. Die Hose hängt über dem Stuhl.
2. Die Bücher ______ ______ dem Bett.
3. Das schmutzige Geschirr ______ ______ dem Tisch.
4. Das Kleid ______ ______ dem Boden.
5. Der Laptop ______ ______ dem Bett.
6. Das Bild ______ ______ dem Regal.

b Was sagt Kims Mutter? – Ergänze Präpositionen und Artikel.

1. Leg die Hose in den Schrank.
2. Stell die Bücher ______ Regal.
3. Stell das Geschirr ______ Küche.
4. Häng das Kleid ______ Schrank.
5. Stell den Laptop ______ Schreibtisch.
6. Häng das Bild wieder ______ Wand.

9 *Trotzdem* oder *deshalb*? – Verbinde und schreib die Sätze wie im Beispiel.

▶KBA2 K9

1. Es regnet. Finn geht mit dem Hund spazieren.
2. Morgen schreiben wir einen Test. Ich lerne mit Mia.
3. Am Samstag hat Sinan Geburtstag. Er feiert eine Party.
4. Paula muss früh aufstehen. Sie geht erst spät ins Bett.

1. Es regnet, trotzdem geht Finn mit dem Hund spazieren.

10 a Verben mit Präpositionen – Was passt zusammen? Verbinde.

▶KBA2 K10

1. Jannik ärgert sich total	auf	den Test vorbereitet.
2. Er hat sich leider nicht gut	über	dieses Fach.
3. Denn er interessiert sich gar nicht	mit	die Themen für den Test sprechen.
4. Das nächste Mal verabredet er sich	über	seine Note im Geografie-Test.
5. Sie können gemeinsam lernen und	für	einem Freund oder einer Freundin.

b Dativ oder Akkusativ? – Ergänze die Sätze.

● Ich ärgere mich echt über meine Eltern (1 meine Eltern). Immer verbieten sie alles. Ich habe mich so auf ____________ (2 dieses Wochenende) gefreut. Ich habe mich mit ____________ (3 eine Freundin) verabredet. Und nun fahren wir zu meinen Großeltern.

○ Verstehe. Ich streite mich gerade auch ständig mit ____________ (4 mein Vater). Gestern wollte ich mit ________ (5 er) über das Thema Taschengeld reden. Aber ich hatte keine Chance. Er interessiert sich nicht für ____________ (6 meine Wünsche). Aber wenigstens mit ____________ (7 meine Oma) kann ich sprechen.

11 a Was passt? Kreuze an. Manchmal gibt es zwei Möglichkeiten.

▶KBA2 K11

1. Ich verstehe es nicht. Erklärst du mir bitte, ☒ wie ☐ was ☐ wer die Übung funktioniert?
2. Weißt du, ☐ wer ☐ wo ☐ was der Junge dort ist? Ich habe ihn noch nie gesehen.
3. Können Sie mir sagen, ☐ wo ☐ was ☐ ob hier in der Nähe ein Supermarkt ist?
4. Ich bin nicht sicher, ☐ ob ☐ wann ☐ wohin heute Training ist. Weißt du das?

b Formuliere indirekte Fragen und schreib sie ins Heft. Verwende passende Einleitungssätze aus a.

Wie heißt das Wort auf Deutsch? ✦ Haben wir heute Kletter-AG? ✦ Wann fängt der Film an? ✦ Wo ist das Museum? ✦ Was kosten die Tickets? ✦ Wie spät ist es?

Weißt du, wie das Wort auf Deutsch heißt?

1 Schön und fit?

1 a Ergänze die Wörter.

▶KB1

1. Schwimmen, Basketball und Joggen sind …arten.
2. Viele tragen Kleidung in einem bestimmten …, z. B. sportlich.
3. Die aktuelle Kleidung ist die neue …
4. Mit einer … können einige Menschen besser sehen.
5. Ohrringe, Ringe, Ketten sind … .
6. Eine neue … bekommt man beim Friseur.
7. Die … trainiert man im Fitnessstudio.
8. Die … ist die Form von unserem Körper.

Lösungswort: P _ _ _ _ _ _ _

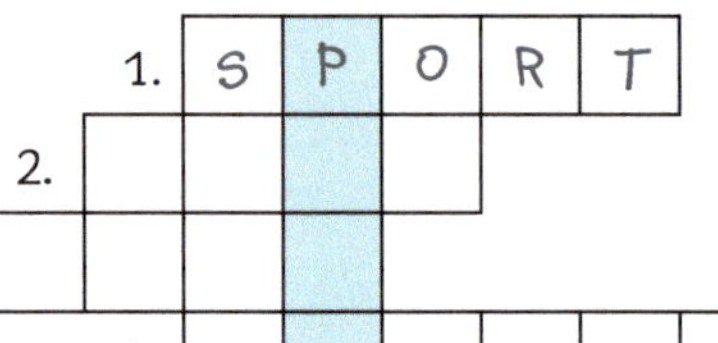

b Schreib die Wörter und das Lösungswort aus a mit Artikel, Singular und (wenn möglich) Plural ins Heft.

1. der …

c Wie heißen die Adjektive? Ergänze die Sätze.

1. Ich mag keine Tattoos. Ich finde sie hässlich (hlichäss).
2. Zu Omas 80. Geburtstag ziehe ich mich ____________ (egaletn) an.
3. Mama, deine Schuhe sehen wirklich ____________ (amoltdschi) aus.
4. Fabian zieht sich am liebsten ____________ (sprchtoli) an.
5. Sieh mal. Diese Hosen sind jetzt total ____________ (meodrn).
6. Hat Helene Geburtstag? Sie sieht heute so ____________ (sichck) aus.

d Wähle ein Bild. Was trägt die Person? Wie sieht sie aus? Wie ist ihr Stil? Was gefällt dir, was nicht? Schreib einen kurzen Text.

Das Mädchen trägt …

2 a Markiere die Verben in der Wörterschlange und schreib sie unter die Bilder.

►KB2

1. sich ______
2. sich ______
3. sich kämmen
4. sich ______

5. sich ______
6. sich die Haare ______
7. sich die Haare ______
8. sich die Zähne ______

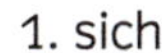

b Was kannst du in einer Drogerie kaufen? – Schreib die passenden Wörter mit Artikel.

~~Creme~~ ✦ Bürste ✦ Badewanne ✦ Zahnbürste ✦ Lippe ✦ Parfüm ✦ Bart ✦ Zahnpasta ✦ Hygiene ✦ Kamm ✦ Zahnspange

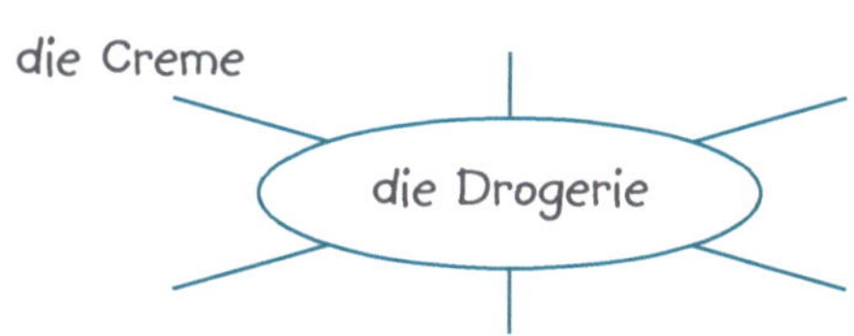

3 a Lies die Sätze und markiere die Reflexivpronomen.

►KB2/3

Zieh dich um!

Ich schneide mir die Haare.

Ich kämme mich nie.

Du schminkst dich immer.

Putzt du dir die Zähne?

Ich wasche mir die Hände.

b Stehen die Reflexivpronomen im Akkusativ oder Dativ? Schreib die Sätze in die Tabelle.

Akkusativ	Dativ
Zieh dich um!	

c **Ergänze die passenden Reflexivpronomen im Akkusativ oder Dativ.**

mich ✦ sich ✦ dir ✦ sich ✦ ~~euch~~ ✦ uns ✦ mir ✦ sich ✦ dich

1. ● Habt ihr _euch_ schon die Hände gewaschen? Das Essen ist fertig.
   ○ Ja.
2. ● Ava kämmt ________ fünfmal am Tag die Haare.
   ○ Und du kämmst ________ nie, oder?
   ● Ähm …
3. ● Ach, du hast eine neue Zahnspange? Musst du ________ jetzt öfter die Zähne putzen?
   ○ Ja, leider.
4. ● Kommst du endlich?
   ○ Gleich. Ich muss ________ noch schnell umziehen.
5. ● Wir wollen ________ die Haare färben. Machst du mit?
   ○ Ich weiß nicht. Ich habe ________ noch nie die Haare gefärbt.
6. ● Hast du gesehen, dass ________ Anna jetzt die Augen schminkt?
   ○ Ja, ich finde, es sieht gut aus, wenn sie ________ schminkt.

d **Körperpflege – Was machst du jeden Tag, oft, manchmal, nie, …? Schreib mindestens sechs Sätze wie im Beispiel.**

> Nach dem Essen putze ich mir immer die Zähne. Ich kämme mich nur …

4

▶KB4

a **Fotos von sich selbst posten – Lies die Texte und die Sätze 1–6. Zu welchem Text passen die Sätze?**

Nick, 16

A Manche Freunde posten wirklich jeden Tag mehrere Fotos oder Videos von sich. So viel Zeit habe ich gar nicht. Ich poste daher nur selten ein Foto. Es ist mir auch egal, wie viele Leute meine Fotos ansehen. Natürlich freue ich mich, wenn ich für meine Fotos Likes bekomme. Aber so wichtig finde ich das nicht.

Lilli, 15

B Ich sehe mir gerne die Fotos von meinen Freunden an und poste auch selbst gerne Fotos. Besonders in den Ferien oder am Wochenende kann man einfach Fotos posten und dann wissen alle, was man macht. Deshalb muss man nicht so viele Nachrichten schreiben und erzählen, was so los ist. Man sieht ja auf den Fotos, wie es mir geht und was ich mache. Total praktisch.

Jannis, 15

C Früher habe ich oft Fotos von Freunden und Bekannten angesehen. Ich habe auch oft selbst Fotos gepostet, aber nicht so viele Likes bekommen. Ich war deswegen immer öfter traurig. Außerdem sahen die anderen auf den Fotos viel cooler aus als ich. Darum bin ich jetzt nicht mehr bei Instagram. Meine Fotos sehe nur noch ich. Jetzt bin ich zufriedener mit mir und meinem Leben.

1. ____ Sie/Er wollte gern mehr Likes für die eigenen Fotos bekommen.
2. ____ Sie/Er hat viel zu tun und kann nicht so viele Fotos posten.
3. ____ Sie/Er postet keine Fotos mehr.
4. ____ Sie/Er postet Fotos, weil Freunde dann wissen, wo sie/er ist und was sie/er tut.
5. ____ Sie/Er Person postet Fotos, aber interessiert sich nicht nur für die Likes.
6. ____ Sie/Er interessiert sich für die Fotos von anderen Personen.

1

b **Lies die Texte in a noch einmal und markiere die Sätze mit *daher, darum, deshalb, deswegen* und schreib sie in die Tabelle.**

Subjekt	Verb	*daher, darum ...*	
Ich	poste	daher	nur selten ein Foto.
daher, darum, ...	**Verb**	**Subjekt**	

c **Schreib die Sätze mit *daher, darum, deshalb, deswegen.***

1. Für Mario ist Fitness sehr wichtig. Er sieht gern Fitnessvideos auf Youtube.
   Für Mario ist Fitness sehr wichtig, darum sieht er ______________________________.
2. Finja möchte gern interessant aussehen. Sie geht oft einkaufen.
   Finja möchte gern interessant aussehen, deswegen ______________________________.
3. Hannes möchte einen Bart haben. Er rasiert sich nicht mehr.
   Hannes möchte einen Bart haben, deshalb ______________________________.
4. Dinah interessiert sich für Mode. Sie liest gern Modeblogs.
   Dinah interessiert sich für Mode, daher ______________________________.
5. Ida hat kein Geld für den Friseur. Sie schneidet sich die Haare selbst.
   Ida hat kein Geld für den Friseur, darum ______________________________.

5 **Ergänze *-heit, -keit* oder *-ung*.**

▶KB6

die ...

1. Ordnung
2. Eitel______
3. Wohn______
4. Entschuldig______
5. Krank______
6. Einlad______
7. Kleid______
8. Schön______
9. Erfahr______
10. Ahn______

6 **a** ***Denn, da* oder *darum*? Was passt? Kreuze an.**

▶KB6

Mein Aussehen ist mir sehr wichtig, ☐ denn ☐ da ☐ darum (1) schminke ich mich jeden Tag und ziehe schöne Kleidung an. Außerdem probiere ich gern neue Frisuren, ☐ denn ☐ da ☐ darum (2) das macht mir viel Spaß. Ich bin nicht so dünn, ☐ denn ☐ da ☐ darum (3) ich gern Schokolade und Pizza esse. Aber ich mache Sport und ich mag meine Figur, ☐ denn ☐ da ☐ darum (4) mache ich auch keine Diäten. Ich finde es blöd, dass alle dünn sein wollen, ☐ denn ☐ da ☐ darum (5) Schönheit hat nichts mit Schlanksein zu tun.

b Was passt zusammen? Verbinde.

1. Meiner Meinung nach …
2. Ich bin überzeugt, dass …
3. Ich finde, …
4. Das sehe …
5. Das stimmt …
6. Ich sehe …

A das Aussehen für viele wichtig ist.
B nicht.
C das anders.
D muss man nicht perfekt aussehen.
E du hast recht.
F ich auch so.

7

a *Weil* oder *obwohl*? – Ergänze die Sätze.

▶KB7

1. Mias Fotos bei Instagram sind immer sehr schön, weil ______ sie gut fotografieren kann.
2. Ole trägt seine Brille nie, ______ er nicht gut sehen kann.
3. Clara schminkt sich nicht, ______ ihr das Aussehen wichtig ist.
4. Florian geht nicht gern ins Fitnessstudio, ______ er gern kräftige Muskeln hätte.
5. Jannik geht heute zum Friseur, ______ seine Haare zu lang sind.
6. Sinan will am Nachmittag reiten, ______ er für einen Test lernen muss.

b *Weil* oder *obwohl*? – Verbinde die Sätze.

1. Maren färbt sich die Haare. Ihre Freundin Anne findet das blöd.
______
2. Benno kauft neue Kleidung. Er will auf der Party gut aussehen.
______
3. Greta postet ein Foto von ihrer Freundin. Sie hat ihre Freundin nicht gefragt.
______
4. Niko und Jana machen viele Selfies zusammen. Sie sind verliebt.
______

c Schreib Sätze mit *weil* oder *obwohl*.

1. Wir ziehen uns heute elegant an, ______.
2. Ich kaufe neue Kleidung, ______.
3. Du hast einen flachen Bauch, ______.
4. Heute mache ich keine Selfies, ______.
5. ______.

Immer online 2

1 a Markiere die Wörter zum Thema „Medien" und schreib sie mit Artikel und Plural unter die Bilder.

▶KB1

POK|RADIO|XULBUCHHAMZEITUNGSCHLAPTOP
MARSMARTPHONEHXJFERNSEHER

1

2 

3 

4 

5 

6 

1	2	3	4	5	6
______	______	______	das Radio,	______	______
______	______	______	die Radios	______	______

b Du und deine Medien – Ergänze.

1. Ich benutze täglich meinen Laptop und mein Handy.
2. Das habe ich letzte Woche heruntergeladen: ______.
3. Besonders viele Nachrichten schreibe ich ______.
4. Diesen Blog finde ich am besten: ______.
5. Ich streame ______.
6. Online nervt mich, dass es ______ gibt.
7. Diese Medien möchte ich in der Schule mehr nutzen: ______.
8. Offline bin ich, wenn ich ______.
9. So lange kann ich auf mein Smartphone verzichten: ______.

2 Was passt nicht? Streiche durch. Ergänze dann jeweils noch ein passendes Verb. Es gibt mehrere Möglichkeiten.

▶KB2

recherchieren ✦ schreiben ✦ sehen ✦ anklicken ✦ lesen ✦ benutzen ✦ ~~bekommen~~

1. Nachrichten — ~~laufen~~ / hören / sehen / bekommen
2. eine Serie — streamen / spielen / stehen / ______
3. eine App — herunterladen / nutzen / tragen / ______
4. im Internet — recherchieren / schwimmen / surfen / ______
5. Kommentare — mitbringen / posten / bekommen / ______
6. ein Video — aufnehmen / schicken / lesen / ______
7. Informationen — googlen / herunterfahren / suchen / ______

3 a Brauchen wir Regeln für die Mediennutzung? – Lies die Kommentare und notiere: Zu wem passen die Aussagen?

▶KB3

Oskar, 15

Regeln brauche ich nicht. Ich bin 15 Jahre alt und ich weiß schon, was gut für mich ist. Ich spiele viel Fußball, deshalb habe ich gar nicht viel Zeit für Computerspiele. Und wenn ich am Wochenende dann mal fünf Stunden ohne Pause spiele, finde ich das in Ordnung. Meine Eltern leider nicht. Die wollen dann, dass ich nach drei Stunden aufhöre. Aber sie sehen selbst oft sehr lange fern und ich frage mich: Was ist da der Unterschied? Ich finde, dass das nicht fair ist.

Anna, 16

Ich bin der Meinung, dass Regeln helfen. Vor ein paar Monaten habe ich mit meinen beiden besten Freundinnen ein paar Regeln aufgestellt. Wir haben jetzt viel mehr Spaß zusammen. Die Regeln sind ganz einfach: Wenn wir uns treffen, machen alle erst mal eine Stunde die Smartphones aus. Und wenn eine Freundin eine Nachricht schickt, muss man nicht sofort antworten, man darf auch mal einen Tag warten. Ich finde es richtig, dass wir uns da mehr Zeit geben. Viele aus unserer Klasse haben Stress, weil sie immer wollen, dass man sofort antwortet. Bald testen wir mal, wie ein ganzes Wochenende ohne Handys ist.

Nils, 14

Meine Mutter erzählt mir immer, dass sie als Kind auch schon Regeln für die Mediennutzung hatte. Sie durfte erst nach den Hausaufgaben fernsehen und um 20 Uhr war Schluss. Ich darf nur meine Serien sehen, wenn ich mit dem Hund draußen war oder meinen Eltern eine halbe Stunde im Haus geholfen habe. Meine Mutter sagt, dass ich so dann ganz in Ruhe meine Serien schauen kann. Das ist besser. Und ich darf sogar bis 21 Uhr gucken, das ist cool.

1. Regeln sind nicht neu. ____________
2. Ohne Handys haben wir weniger Stress. ____________
3. Wenn man Sport macht, kann man am Wochenende viele Stunden am Computer verbringen.

____

b Einen Kommentar schreiben – Ergänze die Sätze.

1. Ich fin d e nicht, da _ _ man Reg _ _ _ braucht.
2. Regeln si _ _ unnötig, de _ _ ich mac _ _ selbst d _ _ Richtige.
3. Ich b _ _ der Mein _ _ _, dass Regeln f _ _ alle gle _ _ _ sein müs _ _ _.
4. I _ _ finde es richtig, dass w _ _ Regeln aufgest _ _ _ _ haben.
5. Vie _ _ haben Str _ _ _, weil s _ _ schnell antwo _ _ _ _ möchten.

c Schreib deinen eigenen Kommentar. Markiere zuerst in a und b Ausdrücke, die dir helfen.

____

____

____

____

____

4 Wie viele? – Schreib die Ausdrücke an die passenden Stellen.

▶KB4

fast die Hälfte ✦ wenige ✦ ~~alle~~ ✦ manche ✦ fast alle ✦ viele

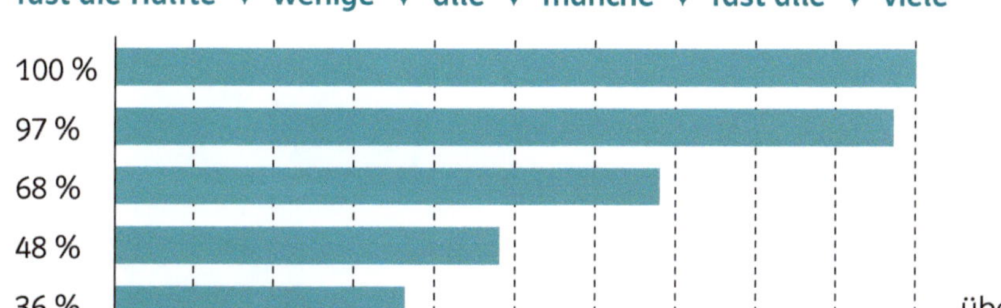

alle ______
______
______
______
über ein Drittel / ______
______

5 Über Vorlieben sprechen – Schreib die Sätze.

▶KB5

1. Die Serie „Stranger Things" – gefällt – mir – am besten / , sie – so spannend – weil – ist
2. lese – ich – abends im Bett – Bücher – am liebsten / , ich – weil – das – finde – gemütlich
3. ich – Wenn – Informationen – recherchieren – will / , meistens – meinen Laptop – benutze – ich
4. finde – ich – Für praktische Tipps – Youtube – sehr gut / , es gibt – denn – dort – coole Videos
5. Die Sängerin „Eule" – sehr – mag – ich / , weil – eine tolle Stimme – hat – sie

1. Die Serie „Stranger Things" gefällt mir am besten, ...

6 a Dialoge auf dem Flohmarkt – Verbinde und ergänze die Adjektivendungen nach den bestimmten Artikeln.

▶KB7

1. ● Der klein_e_ Kassettenrekorder ist super! Was kostet der?
2. ● 20 € für den klein____ Kassettenrekorder? Das ist zu viel. Aber das schwarz____ Telefon hier unter dem Tisch finde ich auch super. Wie viel möchtest du dafür?
3. ● Oh, schade! Und wie teuer ist der cool____ Plattenspieler?
4. ● Nein, das ist mir zu viel. Aber sag mal, was kostet das neu____ Smartphone hier?

A ○ Für das cool____ Gerät zusammen mit den drei interessant____ Schallplatten hier möchte ich 70 Euro.

B ○ Das klein____ Ding hier bekommst du für 20 €. Hast du denn alt____ Kassetten?

C ○ Mit dem toll____ Handy bin ich selbst online. Das verkaufe ich nicht!

D ○ Das schön____ Telefon habe ich schon verkauft, sorry. Aber telefonieren kannst du mit dem alt____ Teil sowieso nicht mehr.

b **Maries Opa und seine Medien – Ergänze die Adjektivendungen nach den unbestimmten Artikeln.**

Mein Opa hatte früher ein ___________ (1 schwarz) Telefon, das stand in einem ___________ (2 dunkel) Flur. Alle durften nur wenig telefonieren, weil es damals sehr ___________ (3 hoch) Preise gab. Abends hörte er mit einem ___________ (4 teuer) Plattenspieler ___________ (5 modern) Musik. Später hatte er einen ___________ (6 neu) CD-Player. Er hat mir seine ___________ (7 cool) Schallplatten und seinen ___________ (8 alt) Plattenspieler geschenkt. Er war Physiker und hat mit einem sehr ___________ (9 groß) Computer gearbeitet. Heute geht er mit einem ___________ (10 klein) Laptop ins Internet und findet das sehr praktisch.

das Telefon ✦ der Flur ✦ der Preis ✦ der Plattenspieler ✦ die Musik ✦ der CD-Player ✦ die Schallplatte ✦ der Computer ✦ der Laptop

7 **a** **Wiederholung: Steigerung von Adjektiven – Ergänze die Tabelle.**

▶KB8

Grundform	**Komparativ**	**Superlativ**
gut	*besser*	*am besten*
schlecht		
viel		
wenig		
jung		
alt		
billig		
teuer		

b **Wer ist der tollste Sänger? – Schreib Sätze wie im Beispiel.**

1. schöne Stimme:
   - ● *Max hat die schönste Stimme!*
   - ○ *Nein, Paul hat eine schönere Stimme!*
2. toller Song:
   - ● ___ den ___
   - ○ ___ einen ___
3. gute Band:
   - ● ___________
   - ○ ___________
4. cooles Video
   - ● ___________
   - ○ ___________
5. junge Fans:
   - ● ___________
   - ○ ___________

c Lies den Text und markiere die Adjektive und die Nomen. Beschreibe dann zwei Menschen oder zwei Gegenstände, die du ganz toll findest. Benutze mindestens fünf Adjektive im Komparativ oder Superlativ.

Meine jüngere Schwester ist das lustigste Kind bei uns in der Familie, sie macht immer die besten Witze. Aber meinen älteren Bruder mag ich auch sehr, weil er die leckerste Pizza auf der ganzen Welt macht. ...

____

____

____

____

____

8

a Lies die Anzeigen und ergänze die passenden Nomen.

▶KB9

Zustand ✦ Speicher ✦ Modell ✦ ~~Computer~~ ✦ Preis | Kindern ✦ Schülerin ✦ Job ✦ Menschen | Band ✦ Video ✦ Sängerinnen ✦ Songs

A

Suche gebrauchten *Computer* (1) mit großem ________ (2), gerne auch altes ________ (3), aber bitte in gutem ________ (4) und mit günstigem ________ (5). …

B

Nette, flexible ________ (1) sucht interessanten ________ (2). Arbeite gerne mit kleinen ________ (3) oder älteren ________ (4).

C

Planen cooles ________ (1) mit tollen ________ (2) und großer ________ (3)! Suchen motivierte und erfahrene ________ (4) und Sänger!

b Markiere in a die Adjektivendungen und ergänze dann die Tabelle.

Adjektive ohne Artikel

Nom.	günstiger Preis	nett___ Schülerin	cooles Video	tolle Songs
Akk.	günstig___ Preis	nett___ Schülerin	cool___ Video	toll___ Songs
Dat.	günstig___ Preis	nett___ Schülerin	coolem Video	toll___ Songs

c Kombiniere und schreib selbst eine Anzeige.

Biete ✦ Verkaufe ✦ Suche	gebraucht ✦ neu ✦ cool ✦ praktisch	Handy ✦ Spiele ✦ Drucker ✦ Fernseher ✦ Modell ✦ Gerät	mit …
Suche	freundlich ✦ nett ✦ flexibel ✦ erfahren ✦ motiviert	Nachhilfelehrer ✦ Nachhilfelehrerin ✦ Trainer ✦ Trainerin	für …

Biete neues Handy für günstigen Preis.

3 Schmeckt das?

1 Ergänze die Aussagen.

▶KB1

Zutaten ✦ Dosen ✦ salzig ✦ Vorspeise ✦ ~~normalerweise~~ ✦ gemeinsam ✦ Hauptspeise ✦ Packungen

A

In meiner Familie essen wir normalerweise (1) nur das Abendessen ______________ (2). Einmal in der Woche koche ich. Gestern habe ich Salat als ______________ (3) gemacht und als ______________ (4) habe ich Nudeln mit Tomatensoße gekocht, weil wir noch viele ______________ (5) Nudeln und ______________ (6) mit Tomaten zu Hause hatten. Also musste ich nicht so viele ______________ (7) einkaufen. Leider war die Tomatensoße etwas zu ______________ (8). Na ja, ich übe noch 😉.

Dessert ✦ Mahlzeit ✦ Essig ✦ bitter ✦ ernähren ✦ Honig

B

Das Frühstück ist die wichtigste ______________ (1) für mich. Ich esse jeden Morgen zwei Brötchen mit ______________ (2). Vom Mittagessen mag ich das ______________ (3) am liebsten, zum Beispiel Eis oder süßen Joghurt. Meine Mutter sagt, ich soll mich gesünder ______________ (4) und mehr Salat essen. Aber ich finde, Salat schmeckt total ______________ (5). Außerdem tut meine Mutter zu viel ______________ (6) in den Salat. Das mag ich gar nicht.

2 a Welches Wort erklärt der Relativsatz? Markiere.

▶KB2

Jamal ist der Junge, der gerne Gerichte aus anderen Ländern probiert.
Das ist die Klasse, die den anderen das Land Armenien vorstellt.

Naira ist das Mädchen, das seit sechs Jahren in Deutschland lebt.
Das sind die Lehrerinnen, die die Idee für das Fest unterstützen.

b Lies die Sätze aus a noch einmal und ergänze die Relativpronomen in der Tabelle.

Relativpronomen im Nominativ			
der Junge	das Mädchen	die Klasse	die Lehrerinnen (Pl.)
der			

c Verbinde die Sätze.

1. Herr Schahn ist der Lehrer,
2. Die 10a ist die Klasse,
3. Devis Gericht ist das Essen,
4. Das ist Olivias Bruder,
5. Leon und Emilio sind die Schüler,

der / das / die

A früher auch auf der Schule war.
B typisch brasilianische Musik machen.
C einen Arabischkurs anbietet.
D den Schülern beim Kochkurs hilft.
E den meisten am besten schmeckt.

d Welche Sätze passen zusammen? Schreib Relativsätze wie im Beispiel.

~~über 600 Schülerinnen und Schüler haben~~ ✦ allen Schülern und Lehrern Spaß machen ✦ groß genug für das Fest sein ✦ immer im Dezember stattfinden ✦ bei allen Schülern beliebt sein

1. Das ist unsere Schule, *die über 600 Schülerinnen und Schüler hat.*
2. Das sind die Lehrerinnen und Lehrer, ____________________
3. Das ist das Schulfest, ____________________
4. Das ist das Winterfest, ____________________
5. Das Winterfest feiern wir in der Sporthalle, ____________________

e Ergänze die Relativsätze an der richtigen Stelle. Schreib die Sätze ins Heft.

1. Die Pizza ist schon aufgegessen. Sie hat allen Schülern sehr gut geschmeckt.
2. Der Hausmeister ist immer freundlich. Er repariert die kaputten Lampen.
3. Ray kommt aus Ghana. Er ist erst seit acht Wochen in Deutschland.
4. Die Fotos vom Schulfest hängen jetzt in der Pausenhalle. Sie gefallen allen gut.
5. Das neue Mädchen ist nun sehr bekannt. Es hat auf dem Fest ein Lied gesungen.

Die Pizza, die allen Schülern sehr gut geschmeckt hat, ist schon aufgegessen.

3

▶KB3

a Nominativ oder Akkusativ? Kreuze das richtige Relativpronomen an.

A

● Hast du an dem Tanzkurs teilgenommen, ☐ der ☒ den ☐ das ☐ die (1) Jessica und Fabio in der Sporthalle angeboten haben?

○ Nein. Warst du da?

● Leider nicht. Sina hat mir einen Tanz gezeigt, ☐ der ☐ den ☐ das ☐ die (2) sie dort gelernt hat.

○ Cool! Ich war bei dem Kochkurs, ☐ der ☐ den ☐ das ☐ die (3) um 14 Uhr in der Schulküche angefangen hat.

● Was habt ihr gekocht?

○ Rosol, eine polnische Suppe, ☐ der ☐ den ☐ das ☐ die (4) man aus Nudeln, Huhn und Gemüse macht. Sehr lecker!

B

● Wie hat dir die Musik gefallen, ☐ der ☐ den ☐ das ☐ die (5) unsere Schulband auf dem Fest gespielt hat?

○ Das waren nicht die Lieder, ☐ der ☐ den ☐ das ☐ die (6) sie normalerweise spielen. Aber das letzte Lied, ☐ der ☐ den ☐ das ☐ die (7) sie gestern gespielt haben, war super!

● Ja, das hat mir auch gefallen. Ist der Junge, ☐ der ☐ den ☐ das ☐ die (8) Gitarre gespielt hat, neu in der Band?

● Ja, das ist Tonino, ☐ der ☐ den ☐ das ☐ die (9) alle toll finden. Er kann wirklich gut Gitarre spielen.

b **Welches Wort wird zum Relativpronomen? Markiere. Schreib dann die Relativsätze.**

1. Zum Frühstück esse ich Brot, (meine Mutter – es – gebacken haben)
   das meine Mutter gebacken hat.
2. Das Abendessen ist die Mahlzeit, (wir – sie – essen – normalerweise gemeinsam)
   ______
3. Erdbeerkuchen ist der Kuchen, (ich – ihn – essen – am liebsten)
   ______
4. Reis und Huhn sind Zutaten, (ich – sie – für mein Lieblingsgericht – brauchen)
   ______
5. Als Vorspeise gibt es Salat, (wir – ihn – geholt haben – aus dem Garten)
   ______

c **Was weißt du über die Clique? – Schreib Relativsätze ins Heft.**

1. Kim ist das Mädchen, …
2. Marie und Kim sind Freundinnen, …
3. Leo ist Kims Bruder, …
4. Henri ist der Junge, …

4

a **Wie heißen die Wörter? Lies die Schlange von rechts nach links und markiere die Wörter. Notiere die Wörter mit Artikel.**

▶KB4

AKIRPAPEZRÜWEGHCSIELFKCAH|LÖ|ENIRAGRAMSIAMREFFEFPLEBEIWZ

1. das Öl

2. ______

3. ______

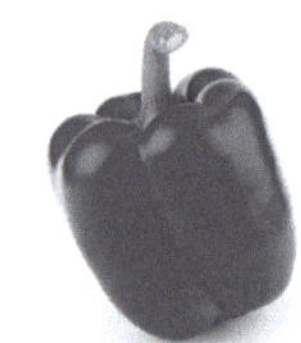

4. ______

5. ______

6. ______

7. ______

8. ______

b **Zutaten für Apfelpfannkuchen – Ergänze die Liste.**

~~Gramm~~ ✦ Löffel ✦ Salz ✦ 2 ✦ Liter ✦ Eier ✦ Gramm

Zutaten:

a 200 Gramm Mehl
b 0,3 ______ Milch
c 2 ______
d ______ Äpfel
e 50 ______ Zucker
f etwas ______
g 2 ______ Öl oder Margarine

c **Pfannkuchen, mein Lieblingsgericht – Welches Verb passt? Notiere.**

1. D	Mein Lieblingsgericht kann man leicht	A waschen.
2. ____	Zuerst muss man zwei Äpfel	B essen.
3. ____	Man muss die Äpfel in dünne Stücke	C stellen.
4. ____	Man muss alle Zutaten in eine Schüssel geben und gut	D zubereiten.
5. ____	Dann muss man eine Pfanne auf den Herd	E gießen.
6. ____	Man muss Öl oder Margarine in die Pfanne	F geben.
7. ____	Dann muss man etwas Teig in die Pfanne	G drehen.
8. ____	Den Teig muss man 2–3 Minuten	H schneiden.
9. ____	Danach muss man den Pfannkuchen	I backen.
10. ____	Zum Schluss kann man die Pfannkuchen mit Zucker oder Sahne	J mischen.

5 **a** **Vorschläge von der Umwelt-AG – Lies den Text. Zu welchem Vorschlag passen die Aussagen? Verbinde.**

▶KB6

Neues von der Umwelt-AG

Unsere Umwelt-AG mit Frau Scherig hat in den letzten Wochen überlegt, wie wir an unserer Schule mehr für die Umwelt tun können. Hier sind unsere Vorschläge. Schreibt im Forum eure Meinung!

Vorschlag 1: Der Hausmeister verkauft Getränke nur noch in Glasflaschen. Auch in der Mensa gibt es nur noch Glasflaschen. Alle Schülerinnen und Schüler bringen ihre eigenen Getränke in Flaschen mit, die man öfter benutzen kann. Auch für unser Essen, das wir von zu Hause mitbringen, benutzen wir keine Plastikverpackungen oder Tüten, sondern Dosen.

Vorschlag 2: Unverpackte Lebensmittel wie Obst, Brötchen, Kuchen vom Kiosk oder aus der Mensa verteilen Schüler ab 15 Uhr in der Pausenhalle. Alles kostenlos! Auch Lebensmittel mit einem Haltbarkeitsdatum, das bald abläuft, gehören dazu. Wir wollen keine Lebensmittel mehr verschwenden. Jede Woche verteilt eine andere Klasse die Lebensmittel. Man kann eine Liste in der Pausenhalle aufhängen. Dann weiß jede Klasse, in welcher Woche sie verteilen muss.

Vorschlag 3: In der Mensa gibt es viel Verschwendung. Für viele Schülerinnen und Schüler sind die Portionen zu groß. Deshalb ist unser Vorschlag: Die Mensa bietet zwei Größen für die Gerichte an, kleine und normale Portionen. Wenn es auch kleine Portionen gibt, die billiger sind, gehen vielleicht bald mehr Schülerinnen und Schüler in die Mensa.

Vorschlag 1

Vorschlag 2

Vorschlag 3

A Gute Idee! Ich kann nie alles aufessen und ärgere mich, weil der Rest einfach in der Mülltonne landet.
B Und wer bestraft mich, wenn ich mein Essen in einer Tüte habe?
C Eine Banane oder so etwas für den Weg nach Hause? Find ich gut.
D Wir müssen auch in der Schule Plastikmüll reduzieren.
E Super! Wenn ich nicht so viel bezahlen muss, esse ich dort vielleicht auch mal etwas.
F Das finde ich gut, aber dann darf sich jeder nur eine Sache nehmen.

b **Schreib deine Meinung zu den Vorschlägen ins Schulforum. Welchen Vorschlag findest du gut, welchen nicht so gut? Warum?**

Vorschlag 1 finde ich ..., weil ...

6 a Ergänze die Sätze.

▶KB6

irgendwer ✦ irgendwas ✦ irgendwo ✦ irgendwie ✦ irgendein ✦ irgendwann

1. ● Schmeckt es dir nicht? – ○ Nein, es schmeckt ________________ komisch.
2. ● Wo ist das Rezept? – ○ Es muss ________________ in der Küche liegen.
3. ● Was essen wir heute? – ○ Weiß ich noch nicht genau. ________________ mit Reis.
4. ● Wollen wir ________________ zusammen kochen? – ○ Ja, nächste Woche Montag?
5. ● Kennst du den verpackungsfreien Laden – ○ Ja, ________________ hat mir von dem Laden erzählt.
6. ● Isst du gern ________________ Gericht mit Bohnen? – ○ Ja, Chili.

b Welche Form ist richtig? Kreuze an.

1. ● Was liest du da? – ○ ☐ Irgendein ☐ Irgendeinen Bericht über das Containern.
2. ● Wer hat das geschrieben? – ○ ☐ Irgendein ☐ Irgendeine Schülerin aus der 9b.
3. ● Mit wem geht er ins Café? – ○ Mit ☐ irgendeiner ☐ irgendeinem Mädchen vom Schwimmclub.
4. ● Was esst ihr? – ○ ☐ Irgendein ☐ Irgendeinem Gericht aus Polen. Lecker!
5. ● Wer hat das gesagt? – ○ Das habe ich von ☐ irgendeine ☐ irgendeiner Lehrerin gehört.

7 a Ergänze *sollen* im Konjunktiv II in der richtigen Form.

▶KB7

1. Ich glaube, ich _sollte_ mehr Salat essen.

2. Meine Eltern ____________ auch mal im verpackungsfreien Laden einkaufen.

3. Du ____________ keine Plastikflaschen kaufen.

4. Wir ____________ in der Schule den Müll trennen.

5. Johanna ____________ ihren Müll nicht auf den Schulhof werfen.

b Zustimmen und widersprechen – Ergänze die fehlenden Buchstaben.

1. Ja, s _ _ _ mt.
2. Ge _ a _. G _ _ e l _ _ e!
3. Na g _ _.
4. Du h _ _ t r _ c _ _.
5. F _ _ _ e ich n _ _ ht.
6. K _ _ _ e L _ _ t.
7. D _ s f _ _ kt _ _ n _ _ rt d _ _ h ni _ _ _.

c Reagiere auf die Vorschläge in a. Schreib die Sätze ins Heft.

1. 👍 2. 👎 3. 👍 4. 👎 5. 👍

1. Du hast recht. ...

(Nicht) gut drauf? 4

1 a Gefühle – Suche neun weitere Adjektive und ordne sie ein.

▶KB1

	A	B	C	D	E	F	G	H	I	J	K
1	K	Ü	B	E	R	R	A	S	C	H	T
2	A	I	W	E	B	T	I	N	N	E	R
3	G	L	Ü	C	K	L	I	C	H	M	E
4	V	E	T	S	X	S	R	C	B	M	N
5	L	I	E	M	G	O	S	H	O	K	T
6	G	E	N	E	R	V	T	A	T	H	T
7	A	F	D	M	D	Z	O	U	V	E	Ä
8	N	F	L	L	B	Ü	L	H	E	F	U
9	Z	R	A	G	H	G	Z	O	R	T	S
10	N	E	R	V	Ö	S	T	T	L	J	C
11	I	I	A	O	P	Ä	S	S	I	J	H
12	E	R	L	E	I	C	H	T	E	R	T
13	B	A	N	D	E	W	U	T	B	Ä	Z
14	T	R	A	U	R	I	G	E	T	S	Ö

☺ überrascht ______

☹ ______

b Wie fühlen sich die Personen? – Ergänze.

wütend ✦ verliebt ✦ genervt ✦ enttäuscht ✦ stolz ✦ glücklich

1. Tom hat sein Handy wiedergefunden. Er war so ______ und erleichtert.
2. Ich glaube, Janne ist ______, sie redet so oft von Oskar aus der Schule.
3. Ich bin so ______ auf meine Eltern. Sie verbieten alles. Echt gemein!
4. Aaron teilt das Zimmer mit seinem kleinen Bruder, der ihn immer nur stört. Er ist echt ______ und wünscht sich Ruhe.
5. Kai ist happy über seine Note in Physik. Seine Eltern waren so ______ auf ihn.
6. Hannes ist ______, er hat viel gelernt, trotzdem hat er eine Fünf im Test.

2 a Glück gehabt – Lies den Text und kreuze an: Richtig oder falsch?

▶KB2

Liebe Leonie,
heute schreibe ich dir, weil mir etwas Verrücktes passiert ist. Das glaubst du nicht.
Am Dienstag habe ich in der Schule meinen Geldbeutel mit 95 Euro verloren. An dem Tag wollte ich mir neue Sneakers kaufen, deshalb hatte ich so viel Geld mit. Ich war soooo sauer auf mich selbst. Wie kann man nur so blöd sein???
Am nächsten Tag habe ich in der Schule gefragt und hatte Glück. Jemand hat meinen Geldbeutel gefunden. Ich konnte das zuerst gar nicht glauben und war echt froh. Geld, Busticket, Ausweis, … nichts hat gefehlt. Leider wusste keiner, wer das war.
Zu Hause habe ich genau geschaut und im Geldbeutel einen kleinen Brief gefunden. *Liebe Mira, ich hoffe, es ist noch alles da,* stand da und noch eine Telefonnummer. Irgendwie cool, oder?
Ich habe sofort angerufen, weil ich *Danke!* sagen wollte und war total gespannt.
Am Telefon war Ben aus der 10b. Den finde ich toll, trotzdem habe ich mich bis jetzt nie getraut und mit ihm geredet oder so. Aber in dem Moment war ich so überrascht und glücklich. Da habe ich ihn einfach auf einen Kaffee eingeladen. Und er? Er fand das irgendwie gut. Gestern war das Treffen. Ich war so nervös. Aber das war gar nicht nötig, denn alles lief super. Wir haben lange gesessen, gequatscht, gelacht … und uns für nächste Woche wieder verabredet. Wir wollen zusammen ins Kino gehen. Ich sage dir, ich fühle mich wie in einem Traum. So viel Glück auf einmal. Ich habe mir endlich die Sneakers gekauft und vielleicht habe ich sogar bald einen Freund. Und alles nur, weil ich so dumm war. Verrückt, oder? Ich bin gerade einfach nur happy. Meine Eltern wundern sich schon über meine gute Laune. Sie wissen nichts von der ganzen Sache. Das bleibt erstmal mein Geheimnis.

Liebe Grüße
Mira

	richtig	falsch
1. Mira möchte Leonie von einem Erlebnis berichten.	☐	☐
2. Mira war zuerst wütend, weil ihr Geld weg war.	☐	☐
3. Dann war Mira erleichtert, weil sie alles wiederbekommen hat.	☐	☐
4. In der Schule hat sie erfahren, dass Ben den Geldbeutel abgegeben hat.	☐	☐
5. Mira hat Ben einen Brief geschrieben.	☐	☐
6. Ben hat Mira angerufen und sie ins Kino eingeladen.	☐	☐
7. Vor der Verabredung war Mira sehr aufgeregt.	☐	☐
8. Jetzt ist sie verliebt und froh, dass sie den Geldbeutel verloren hat.	☐	☐

b Wie drückt Mira in der E-Mail in a ihre Gefühle aus? Markiere Wörter oder Sätze. Schreib dann eine E-Mail an einen Freund / eine Freundin. Erzähle, wann, wo und wie du einmal viel Glück hattest.

c Wie sind beste Freunde? – Was passt? Kreuze an.

Beste Freunde oder Freundinnen können sich vertrauen und sich immer ☒ aufeinander ☐ miteinander ☐ zueinander (1) verlassen. Sie sind immer ehrlich ☐ füreinander ☐ zueinander ☐ aufeinander (2). Sie können ☐ voneinander ☐ zueinander ☐ miteinander (3) über alle Sorgen und Probleme reden und haben keine Geheimnisse ☐ aneinander ☐ füreinander ☐ voreinander (4). Sie kennen sich genau und wissen alles ☐ voneinander ☐ aufeinander ☐ miteinander (5). Sie sind immer ☐ voreinander ☐ füreinander ☐ miteinander (6) da und helfen sich. Und wenn sie sich eine Weile nicht sehen, dann denken sie ☐ übereinander ☐ aneinander ☐ aufeinander (7) und vergessen sich nicht.

3 a Was passt? Ergänze.

▶KB3

demselben Sportcamp ✦ dieselbe Idee ✦ dieselben Sachen ✦ denselben Humor ✦ dasselbe Modell ✦ denselben Freunden

1. Ich brauche neue Klamotten, ich trage irgendwie immer ______________ ______________.
2. Jana und Helen lachen über das Gleiche, sie haben ______________ ______________.
3. Meistens macht Levi etwas mit Tim und Aaron. Er trifft sich immer mit ______________ ______________.

4. Joe und Leo kennen sich seit den Ferien, sie waren in ______________ ______________.
5. Dein neues Handy ist echt cool. Ich wünsche mir ______________ ______________.
6. Mira will ihre Freundin Dani mit einer Party überraschen. Lena auch. Sie hatte ______________ ______________.

b Schreib die Formen in die Tabelle.

	Nominativ	Akkusativ	Dativ
der Humor	derselbe		demselben
das Sportcamp	dasselbe		
die Idee	dieselbe		derselben
die Leute	dieselben		

c *derselbe, dieselbe, dasselbe* – Ergänze die Dialoge.

A
- ● Das Fußballtraining war gestern total blöd, fast eine halbe Stunde Lauftraining. Musstet ihr auch mit demselben (1) Quatsch anfangen?
- ○ Nö. Wir haben gleich gespielt.
- ● Das ist ja unfair, du hast doch ______________ (2) Trainer wie ich, oder?

B
- ● Wollen wir nach der Schule wieder mit Fritz und Ida ins Eiscafé gehen?
- ○ Keine Lust. Ich mag nicht immer in ______________ (1) Café sitzen und auch nicht immer mit ______________ (2) Leuten etwas unternehmen.

C
- ● Ich schreibe nächsten Mittwoch einen Deutschtest.
- ○ Echt, ich habe an ______________ (1) Tag einen Test in Physik und in ______________ (2) Woche auch noch einen Mathe- und Biotest.
- ● Du Armer, es ist echt immer ______________ (3) Stress so kurz vor den Ferien.

4 Alles Quatsch! – Wie heißen die Aufforderungen? Korrigiere die Infinitive.

▶KB4

A
Bitte einmal kurz ~~aufpassen!~~ ________________

B
Achtung, machen! ________________

C
Nicht stören, bitte! ________________

D
Keine Fotos füttern! ________________

E
Bitte nicht lächeln! ________________

5 a Streiten – Was passt zusammen? Verbinde.

▶KB5

1. Du bist …
2. Jetzt beruhige dich …
3. Das ist deine …
4. Das ist mir doch …
5. Tut mir echt …
6. Das habe ich nicht so …
7. Ich habe gar nichts …
8. Das war ich …

A Schuld.
B leid.
C mal.
D gemacht.
E egal.
F nicht.
G schuld.
H gemeint.

b Ergänze die Reaktionen.

1. Oh, s __ __ r __, das war n __ __ ht mit A __ s __ __ __ t.

Sag mal, spinnst du? Kannst du nicht aufpassen? Mein Handy!

2. S __ __ r __ __ mich nicht so a __. Was s __ __ __ das?

3. Ist doch nichts p __ s __ __ __ __ t. Ich f __ __ d __, du ü __ __ r t __ __ __ __ s __.

4. Oh. V __ __ z __ __ h __ __ __. Das w __ __ __ t __ ich echt nicht.

5. Na u __ __? Ist doch nicht so s __ __ l __ __ __. C __ __ ll mal.

6 Wenn Freunde streiten – Was passt? Ergänze. Sechs Wörter bleiben übrig.

▶KB6

eifersüchtig ✦ Art ✦ freundlich ✦ verletzt ✦ Rat ✦ hassen ✦ verzeihen ✦ Ausrede ✦ heimlich ✦ Vertrauen ✦ gemein ✦ fühlen

Clara ist eigentlich immer nett und ________________ (1) zu allen. Man kann immer zu ihr kommen, wenn man mal Hilfe oder einen ________________ (2) braucht. Aber gestern hat sie sich echt blöd und total ________________ (3) verhalten. Sie wollte sich mit Paula treffen und ist zwei Stunden zu spät gekommen. Ihre Entschuldigung war nicht echt. Es war nur eine blöde ________________ (4). Ihr Verhalten hat Paula wirklich enttäuscht und ________________ (5). Jetzt weiß sie nicht, ob sie Clara ________________ (6) kann.

7 a Als ich klein war: Emil erzählt – Was ist einmal (e) passiert, was mehrmals (m)?

▶KB9

____ 1. Ich habe laufen gelernt, als ich ein Jahr alt war.

____ 2. Mein Vater hat mir oft Geschichten erzählt, wenn ich das wollte.

____ 3. Als ich in die Schule kam, wollte ich zuerst lesen lernen.

____ 4. Wir haben immer irgendwo gecampt, wenn wir im Urlaub waren.

____ 5. Wenn ich Streit mit Freunden hatte, habe ich jedes Mal meine Oma um Rat gefragt.

b Lies die Sätze in a noch einmal und ergänze die Regeln.

Etwas in der Vergangenheit ist **einmal** passiert: man verwendet __________.

Etwas in der Vergangenheit ist **mehrmals** passiert: man verwendet __________.

c Emil und seine Oma – Was passt? Ergänze *als* oder *wenn*.

Schon _als_ (1) ich klein war, fand ich meine Oma super. Immer ________ (2) sie uns besucht hat, hat sie mir ein Geschenk mitgebracht. Sie hat mir auch oft geholfen, ________ (3) ich Hilfe brauchte. ________ (4) ich 16 geworden bin, habe ich von meiner Oma Geld für den Führerschein bekommen. Und ________ (5) ich den hatte, hat sie mir einen Motorroller geschenkt. Jedes Mal, ________ (6) ich sie besucht habe, hat sie mein Lieblingsessen gekocht. Sie hat mir zugehört, ________ (7) ich von meinen Problemen erzählt habe. Sie ist einfach toll. ________ (8) meine Oma neulich einmal krank war, habe ich ihr geholfen und für sie eingekauft.

d Verbinde die Sätze mit *als* oder *wenn* und schreib sie in der Vergangenheit.

1. Karim – mit seinen Eltern – im Urlaub – sein / , jedes Mal – wandern müssen
   Wenn Karim mit seinen Eltern im Urlaub war, musste er ...
2. Linda – einmal Streit mit ihrer besten Freundin – haben /, sehr unglücklich – sein
   ____
3. ich – Probleme in Chemie und Physik – haben / , immer – meinen Onkel – fragen
   ____
4. Markus – 7 Jahre alt – werden / , in die Schule – kommen
   ____
5. ich – oft zu meinem Freund – gehen / , Ärger mit meinen Eltern – haben
   ____

e Und du? – Was hast du früher in den Situationen gemacht? Schreib Sätze mit *wenn* oder *als*.

mit den Eltern im Urlaub sein ✦ Hilfe in der Schule brauchen ✦ 3/7/14 Jahre alt sein ✦ Ärger mit den Eltern haben ✦ eine gute/schlechte Note bekommen ✦ ...

5 Auf Reisen

1 a Thema „Reisen“ – Was passt wo? Schreib die Wörter mit Artikel und Plural in die Mindmap.

▶KB1

~~Campingplatz~~ ✦ ~~Gleis~~ ✦ ~~Strecke~~ ✦ Abfahrt ✦ Apartment ✦ Bahnsteig ✦ Hotel ✦ Flughafen ✦ Schalter ✦ Stau ✦ Verspätung ✦ Verwandte ✦ Kilometer ✦ Autobahn ✦ Freund/Freundin ✦ Terminal ✦ Jugendherberge ✦ Bahnhof ✦ Zelt ✦ Passagier/Passagierin ✦ Gastfamilie ✦ Straße

der Verkehr

der Zug
- das Gleis, die Gleise
- ______
- ______

das Flugzeug
- ______
- ______
- ______

das Auto / der Bus
- ______
- ______
- ______

allgemein
- die Strecke, die Strecken
- ______
- ______
- ______
- ______

die Übernachtung
- der Campingplatz, die Campingplätze
- ______
- ______
- ______
- ______
- ______
- ______
- ______

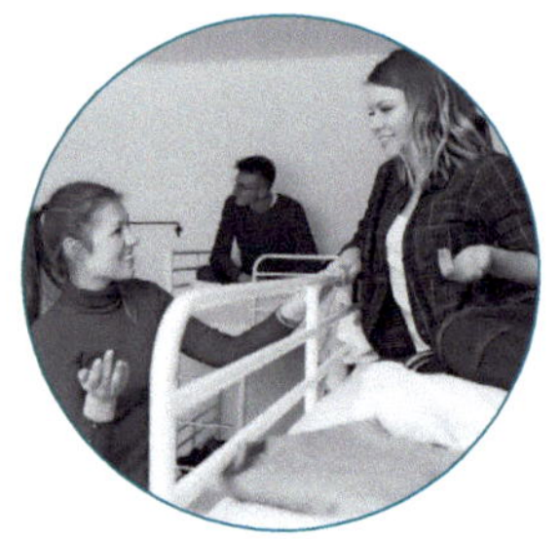

b Aktivitäten im Urlaub – Was passt nicht? Streiche durch.

1. am Strand — chillen / ~~shoppen gehen~~ / Volleyball spielen
2. in den Bergen — entdecken / klettern / wandern
3. auf dem Campingplatz — zelten / reiten / übernachten
4. Oma und Opa — schicken / treffen / besuchen
5. mit Freunden — wegfahren / Urlaub machen / sparen
6. eine Stadt — kennenlernen / besichtigen / buchen
7. ein Museum — besuchen / suchen / spielen
8. eine Radtour — finden / planen / machen

c Meine letzte Reise – Lies Oles Bericht und ordne die Fragen zu.

A Wann?
B Wo übernachtet?
C ~~Wo?~~
D Wie war das Essen?
E Wie hingekommen?
F Mit wem?
G Wie war das Wetter?
H Wie lange?
I Was gemacht?

Den Elbe-Radweg von Dresden bis Hamburg (1 _C_) fahren – das war schon lange mein Traum! In den Herbstferien (2 ____) habe ich deshalb mit drei Freunden (3 ____) den Zug bis Dresden genommen (4 ____) und wir sind dort losgefahren. Wir waren natürlich sehr viel auf den Rädern, aber wir haben uns auch ein paar hübsche Städte angesehen (5 ____). Nach einer Woche (6 ____) waren wir in Hamburg. Wir waren echt stolz, dass wir das geschafft haben. Geschlafen haben wir bei Verwandten, in Jugendherbergen und bei Freunden (7 ____). Zum Essen sind wir meistens in einen Imbiss gegangen, das war lecker und nicht so teuer ;-) … (8 ____). Und das Wetter war perfekt: warm und sonnig (9 ____)!

d Und deine letzte (Fantasie-)Reise? – Schreib einen kleinen Text. Antworte auf mindestens vier Fragen aus c.

____
____
____
____
____

2 Ergänze die Durchsagen im Flugzeug, im Radio und im Kaufhaus.

▶KB2

Geräte ✦ zurück ✦ einschalten ✦ ~~landen~~ ✦ anschnallen

A Liebe Passagiere, in 10 Minuten _landen_ (1) wir in Stuttgart. Bitte gehen Sie zu Ihren Plätzen ____________ (2). Alle müssen sich jetzt ____________ (3). Bitte schalten Sie auch Ihre elektronischen ____________ (4) aus. Sie dürfen sie erst nach der Landung wieder ____________ (5).

überholen ✦ Baustelle ✦ Fahrt ✦ aktuellen ✦ Bereich

B Achtung, hier ist Hitradio mit einer ____________ (1) Verkehrsinformation: Im ____________ (2) zwischen Hüttenweg und Messe Nord gibt es eine ____________ (3). Bitte beachten Sie dort die Geschwindigkeitsbeschränkung, fahren Sie maximal 30 Kilometer pro Stunde und ____________ (4) Sie nicht. Wir wünschen Ihnen eine gute ____________ (5).

Ausgang ✦ Untergeschoss ✦ Eingang ✦ Sonderangebote ✦ Restaurant

C Liebe Kundinnen und Kunden, es ist italienische Woche bei uns! In unserem Supermarkt im _______________ (1) haben wir viele supergünstige _______________ (2) für Sie. Besuchen Sie auch unser _______________ (3) im Obergeschoss. Hier finden Sie auch den _______________ (4) zur Dachterrasse, sie ist geöffnet. Beachten Sie außerdem: Nächste Woche ist der _______________ (5) in der Sophie-Scholl-Straße geschlossen. Bitte benutzen Sie dann die anderen Eingänge. Vielen Dank.

3 a Sieh die Karte und die Wegbeschreibung an und ergänze die Präpositionen.

▶KB4

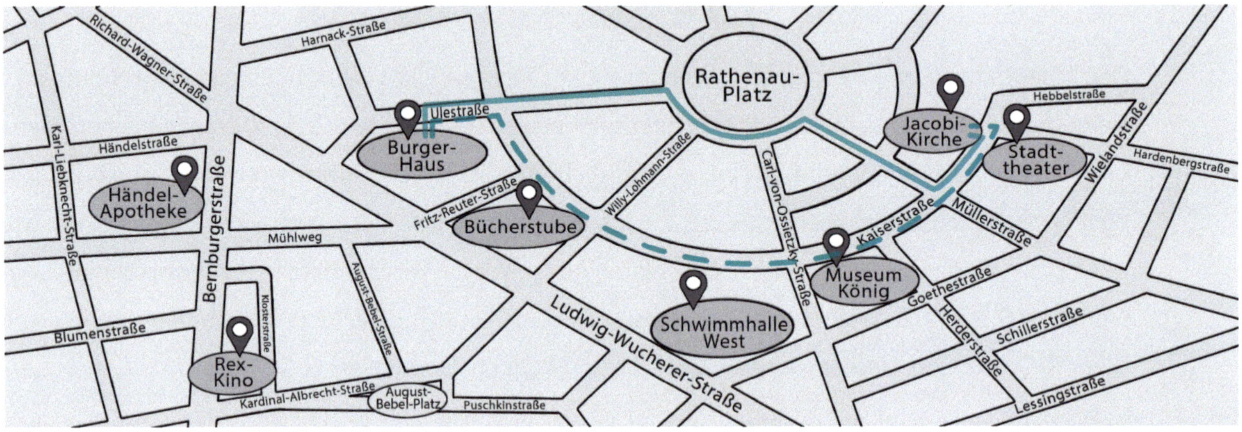

an ✦ um … herum ✦ auf ✦ ~~entlang~~ ✦ nach ✦ entlang ✦ um ✦ entlang ✦ über

Start: Jacobikirche **Ziel: Burger-Haus**

Geh hier um die Kurve und dann die Kaiserstraße entlang (1). An der ersten Kreuzung, das ist die Müllerstraße, biegst du _______________ (2) rechts ab und gehst dann weiter die Müllerstraße _______________ (3), bis du auf den Rathenau-Platz kommst. Geh links _______________ den Platz _______________ (4) und nimm dann die dritte Straße links. Das ist eine Einbahnstraße, sie heißt Ulestraße. Überquere dann wieder die Kaiserstraße, _______________ (5) der linken Seite befindet sich dann das Burger-Haus. Du kannst natürlich auch immer die Kaiserstraße _______________ (6) und dann _______________ (7) der Ulestraße _______________ (8) die Ecke gehen, aber der Weg _______________ (9) den Rathenauplatz ist viel schöner!

b Schreib eine Wegbeschreibung von der Schwimmhalle West zur Händel-Apotheke.

Geh nach rechts die Ludwig-Wucherer-Straße entlang bis …

4 a Verkehrsmittel – Wie sind die Personen unterwegs? Ordne zu.

▶KB6

mit dem Zug ✦ mit der Straßenbahn ✦ zu Fuß ✦ per Anhalter ✦ mit dem Fahrrad ✦ mit dem Flugzeug ✦ mit dem Boot ✦ ~~mit dem Auto~~ ✦ mit dem Motorrad ✦ mit dem Schiff

1 
mit dem Auto

2 
____

3 
____

4 
____

5 
____

6 
____

7 
____

8 
____

9 
____

10 
____

b Ferienangebote für Jugendliche – Lies die Überschriften und die Anzeigen und ordne zu.

1. ***Deutsch lernen in Potsdam***
2. ***BreakOut – Reisen, Abenteuer erleben und dabei noch sozial sein!***
3. **Workcamp in den Alpen – Hilfe für Bergbauern**
4. **Traumurlaub am Strand!!**

A ___ Arbeite im Sommer auf unserem Bauernhof in den Bergen im Süden von München mit! Du übernachtest mit anderen Freiwilligen in Zelten auf dem Hof. Ihr kocht abwechselnd, Freizeitprogramm und tolle Landschaft sowie Essen und Schlafplatz sind kostenlos! Nur die Reise bezahlst du selbst. Teilnahme ab 18 Jahren möglich. Mehr Infos unter …

B ___ Mach Ferien mit uns! Entdecke einen der schönsten italienischen Orte am Mittelmeer. Viele Freizeitangebote wie klettern, wandern, surfen, schwimmen, … Cooles Hotel direkt am Wasser. Kosten: pro Woche 800 Euro. Anmeldung für Jugendliche ab 16 Jahren unter …

C ___ Sucht ihr zu zweit das maximale Abenteuer? Dann macht bei uns mit! Sucht Sponsoren, und los geht's! Ihr dürft kein Geld für Verkehrsmittel ausgeben und müsst in 36 Stunden so weit wie möglich kommen. Für jeden Kilometer spenden eure Sponsoren einen Betrag für soziale Projekte. Mit extra Herausforderungen könnt ihr noch mehr Geld sammeln! Also, worauf wartet ihr? Wenn ihr über 18 Jahre alt seid, meldet euch schnell an!

D ___ Sprachkurse in kleinen Gruppen mit motivierten Lehrerinnen und Lehrern, Wohnen in Gastfamilien, tolles Freizeitprogramm mit zwei Ausflügen nach Berlin, viele Sportangebote wie Rad fahren, Tennis spielen, reiten, …
Für Jugendliche ab 14 Jahren. Preis: ab € 700 pro Woche

c Lies die Fragen. Welche beiden Anzeigen aus b passen? Schreib.

1. Welche Reisen sind für einen guten Zweck? A, __________
2. Bei welchen Reisen übernachtet man zusammen? __________
3. Bei welchen Reisen ist man die ganze Zeit in Deutschland? __________
4. Welche Reisen kosten wenig? __________

5 **a** **Infinitiv mit *zu* – Kombiniere und schreib fünf Sätze. Es gibt viele Möglichkeiten.**

▶KB7

Ich habe (keine) Angst,	an diesem Projekt teilzunehmen.
Ich möchte versuchen,	selbst einen Platz zum Schlafen zu suchen.
Es ist (un)möglich,	nur Deutsch zu sprechen.
Ich habe (keine) Zeit,	ohne Eltern zu verreisen.
Ich schlage vor,	bei Freunden zu übernachten.
Ich habe beschlossen,	regelmäßig Sport zu machen.
Es macht Spaß,	nicht so viel Geld auszugeben.
Jetzt fange ich an,	das Wichtigste zu vergessen.

Ich habe Angst, das Wichtigste zu vergessen.

1. ______
2. ______
3. ______
4. ______
5. ______

b **Schreib die Sätze wie im Beispiel.**

1. Ich habe beschlossen, an einer Sprachreise teilzunehmen. (teilnehmen – an einer Sprachreise)
2. Es ist anstrengend, ______. (arbeiten – den ganzen Tag)
3. Ich finde es toll, ______. (übernachten – am Strand)
4. Ich möchte meine Eltern überreden, ______. (diese Ferien – mir – bezahlen)
5. Ich habe Lust, ______. (bei BreakOut – mitmachen)
6. Ich finde es schwierig, ______. (Verkehrsmittel – ohne Geld – nutzen)
7. Ich habe vergessen, ______. (kaufen – ein Geschenk – für die Gastfamilie)
8. Im Deutschunterricht ist es nicht erlaubt, ______. (Englisch – sprechen)

6 **a** **Was passt? – Der Konjunktiv II von *haben*, *sein* oder *werden*? Kreuze an.**

▶KB8

1. Ich ☐ wäre ☒ hätte ☐ würde jetzt gerne schon Ferien.
2. Was ☐ hättest ☐ wärest ☐ würdest du machen, wenn du jetzt schon Ferien ☐ würdest ☐ hättest ☐ wärest?
3. Simon sagt, er ☐ würde ☐ wäre ☐ hätte sofort zu seiner Oma fahren.
4. Hanna meint, sie ☐ hätte ☐ würde ☐ wäre lieber weiter Schule, weil wir uns dann jeden Tag treffen ☐ wären ☐ würden ☐ hätten.
5. ☐ Würdet ☐ Wärt ☐ Hättet ihr gern Reiturlaub machen? ☐ Wärt ☐ Würdet ☐ Hättet ihr Lust?
6. Jakob und Luis ☐ hätten ☐ wären ☐ würden so gern im Reiturlaub.

b Lies die Sätze in a noch einmal und ergänze die Tabelle.

	haben	sein	würde-Form
ich	hätte		
du			würdest
er/es/sie			
wir			
ihr			
sie/Sie			

c Schreib Sätze im Konjunktiv II.

1. ihr – jetzt – gern – schon – Ferien – haben
   Ihr hättet jetzt gern schon Ferien!
2. wir – gern – auf einem Schiff – sein
   ____
3. meine Eltern – gern – weit weg – fahren
   ____

4. Sophie – gern – am Pool – sein
   ____
5. Sophie – gern – viel lesen
   ____
6. du – gern – ein Eis – haben
   ____

7. ich – auch – gern – ein Eis – essen
   ____

7 Das denken Kims Freunde – Schreib die Sätze und markiere die Verben wie im Beispiel.

▶KB9

1. Wenn – regnen – es / , ich – keine Lust – haben – auf Camping-Urlaub
   Wenn es regnen würde, hätte ich keine Lust auf Camping-Urlaub.
2. Wenn – im Zelt – übernachten – ich / , schlecht – schlafen – ich
   ____
3. Wenn – mit meinen Eltern – ich – sein – im Urlaub / , weniger Spaß – haben – ich
   ____
4. Wenn – haben – ich – keinen Job / , kein Geld – verdienen – ich
   ____

6 Aus Wissenschaft und Technik

1 Welches Verb passt? Verbinde.

▶KB1

1. eine neue Software — C
2. Unternehmerin
3. vor einer Gefahr
4. die Klimaanlage ans Internet
5. eine neue Technologie
6. mit dem Internet

A warnen
B erfinden
C entwickeln
D sein
E kommunizieren
F anschließen

2 a Markiere in den Sätzen in zwei Farben Akkusativ und Dativ.

▶KB3

1. Kim zeigt Henri und Lukas ihren Roller.
2. Kim soll Henri den Roller leihen.
3. Sie soll ihn Lukas auch geben.
4. Henri soll ihr den Roller sofort zurückbringen.
5. Henri gibt ihn ihr zurück.

b Akkusativ oder Dativ? Welches Pronomen passt? Kreuze an.

1. ● Kannst du mir dein Handy kurz ausleihen? – ○ Schon wieder? Ich habe es ☐ dir ☐ dich doch vor 15 Minuten schon ausgeliehen.
2. ● Hast du ein Foto von deinem neuen E-Roller? – ○ Warte, ich zeige ☐ es ☐ ihm euch.
3. ● Jana, gibst du Titus bitte die Kamera? – ○ Luise hat ☐ sie ☐ ihr ihm schon gegeben.
4. ● Was machen Dana und Tammo mit der Musikanlage? – ○ Dana erklärt sie ☐ ihn ☐ ihm.
5. ● Wo ist mein Laptop? – ○ Ich bringe ihn ☐ dich ☐ dir gleich!

c Schreib die Sätze. Achte auf die richtige Reihenfolge.

1. Florian – seinen Freunden – zeigt – sein neues E-Skateboard

____

2. das E-Skateboard – geschenkt – ihm – Seine Eltern – haben – zum Geburtstag

____

3. Zuerst – seinen Freunden – erklärt – es – Florian

____

4. soll – ihnen – ausleihen – Florian – es – Dann

____

5. geben – Nach 15 Minuten – ihm – zurück – es – seine Freunde

____

6. ihnen – empfiehlt – Florian – auch so ein E-Skateboard

____

d Ergänze die Pronomen. Achte auf die richtige Reihenfolge.

1. ● Habt ihr euren Eltern schon die Briefe vom Schulleiter gegeben? – ○ Nein, wir geben _sie_ _ihnen_ heute.
2. ● Hast du Opa schon dein neues Fahrrad gezeigt? – ○ Nein, ich zeige ______ ______ heute Nachmittag.
3. ● Willst du deiner Schwester dein altes Handy schenken? – ○ Ich habe ______ ______ schon geschenkt.
4. ● Kannst du uns jetzt den Kuchen geben? – ○ Wartet, ich hole ______ ______ gleich.
5. ● Jule, kannst du deinen Geschwistern diese Geschichte vorlesen? – ○ Okay, ich lese ______ ______ später vor.
6. ● Kannst du Anton einmal deine Kamera geben? – ○ Nein, ich leihe ______ ______ nicht.

3

Suche zehn weitere Wörter zum Thema „(Elektro-)Mobilität". Schreib die Wörter ins Heft. Ergänze bei Nomen die Artikel.

▶KB4

	A	B	C	D	E	F	G	H	I	J	K	L	M	N	O	P
1	U	M	W	E	L	T	F	R	E	U	N	D	L	I	C	H
2	S	O	L	P	B	A	T	T	E	R	I	E	Ü	N	E	R
3	C	B	Ä	D	I	N	E	Z	K	E	A	M	F	E	N	I
4	H	I	C	H	M	K	I	N	A	B	B	O	P	L	E	N
5	Ä	L	K	E	M	S	J	Ü	V	I	G	R	B	A	R	T
6	D	F	I	L	A	T	T	C	A	S	A	W	E	T	G	T
7	L	U	N	S	T	E	C	K	D	O	S	E	N	E	I	K
8	I	G	Ä	S	U	L	I	O	B	N	E	M	Z	W	E	C
9	C	H	R	Ö	M	L	E	L	E	K	T	R	I	S	C	H
10	H	O	L	A	D	E	S	T	A	T	I	O	N	I	M	S

die Batterie

4

Überraschung! – Ergänze die fehlenden Buchstaben.

▶KB5

1. ● Frau Müller kommt immer mit ihrem E-Roller zur Schule!
   ○ E _ _t? Das w _ _ _te ich ni _ _t!
2. ● 20% von den Schülerinnen und Schüler an unserer Schule haben ein Elektro-Fahrrad.
   ○ W _ _kl _ _h? D _ _ wu _ _ _rt m _ _h.
3. ● Unsere Schule bekommt eine Ladestation.
   ○ D _ _ ist n _ _ für m _ _ _.
4. ● Die Schulbusse sollen nächstes Jahr alle Elektrobusse sein.
   ○ D _ _ üb _ _ _ _scht m_ _ _.
5. ● Kaja und Emil haben bei *Jugend forscht* gewonnen!
   ○ D _ _ gi _ _'s d _ _h n _ _ _t!

5 a Markiere die Verben und notiere sie beim passenden Nomen.

▶KB6

zu|forschen|gefühlenertriwohnensatzübeneinebefehlenungeibewegenzerweinsetzen

1. die Forschung forschen
2. die Bewegung __________
3. die Wohnung __________
4. die Übung __________
5. das Gefühl __________
6. der Einsatz __________
7. der Befehl __________

b Lies den Text von einer Schulwebseite und die Aussagen. Richtig oder falsch? Kreuze an.

2. Platz beim Roboter-Wettbewerb!

Auch in diesem Jahr hat unsere Roboter-AG wieder beim Roboter-Wettbewerb mitgemacht, der dieses Mal am Matthias-Gymnasium stattfand. 28 Teams aus ganz Berlin haben teilgenommen und unser Team war einfach super! Vor dem Wettbewerb hat das Team einen ganz besonderen Roboter entwickelt, dem es den Namen „4ATOM" gegeben hat. „4ATOM" hatte mit den Aufgaben des Wettbewerbs keine Probleme. Nur ein Roboter von einem anderen Team war etwas besser. „Die Challenges waren nicht leicht und es gab ein paar spannende Überraschungsaufgaben, aber wir haben gute Lösungen gefunden, hatten einen super Roboter und vielleicht auch ein bisschen Glück. Wir haben viel gelernt und nette Leute aus ganz Berlin kennengelernt. Es waren aber auch einige bekannte Schülerinnen und Schüler vom letzten Jahr dabei und wir hatten viel Spaß zusammen", sagt Julika (10c) über den Wettbewerb. Mit dem 2. Platz darf das Team von unserer Roboter-AG zusammen mit den besten Teams aus ganz Deutschland beim Wettbewerb teilnehmen, der im September in Dortmund stattfindet. Julika meint: „Für Dortmund wollen wir „4ATOM" noch besser programmieren und vielleicht etwas verändern. Wir konnten zeigen, wie gut wir sind und ich bin sicher, dass wir uns noch verbessern können. Wir wollen in Dortmund unbedingt gewinnen!" Wir wünschen unserem Team viel Glück und Erfolg!

	richtig	falsch
1. Das Matthias-Gymnasium hat beim Wettbewerb den 2. Platz gemacht.	☐	☐
2. Das Team hat seinen Roboter „4ATOM" genannt.	☐	☐
3. Die Teams kannten die Aufgaben schon vor dem Wettbewerb.	☐	☐
4. Die Teams haben zum ersten Mal am Wettbewerb teilgenommen.	☐	☐
5. Für Dortmund will das Team weiter an „4ATOM" arbeiten.	☐	☐
6. In Dortmund nehmen Teams aus vielen deutschen Städten teil.	☐	☐

d Schreib einen kurzen Text zu den Fragen.

1. Interessierst du dich für Roboter? Warum? Warum nicht?
2. Hast du schon mal einen Roboter gebaut und/oder programmiert?
3. Gibt es in deinem Land auch Roboter-Wettbewerbe?
4. Hat deine Schule / Hast du schon mal an einem Wettbewerb teilgenommen?

Roboter finde ich sehr interessant, weil ...

6 a Welches Relativpronomen passt? Kreuze an.

▶KB7

1. Das ist der Roboter, ☐ den ☐ dem das Team den Namen „4ATOM“ gegeben hat.
2. Es gab nur einen Roboter, ☐ der ☐ dem besser war als „4ATOM“.
3. Julika ist das Mädchen aus der 10c, ☐ das ☐ dem der Wettbewerb viel Spaß gemacht hat.
4. Die Aufgaben, ☐ die ☐ denen die Roboter lösen mussten, waren nicht leicht.
5. Julika hat eine Freundin, ☐ die ☐ der sie im letzten Jahr ihre Telefonnummer gegeben hat, bei diesem Wettbewerb wiedergetroffen.
6. Das Team freut sich auf die anderen Teams aus ganz Deutschland, ☐ die ☐ denen sie zeigen wollen, was „4ATOM“ alles kann.

b Ergänze die Tabelle. Die Sätze in a helfen.

	Relativpronomen			
	der	**das**	**die**	**die (Pl.)**
Nominativ		*das*	*die*	*die*
Akkusativ	*den*	*das*	*die*	
Dativ				

7 a Was passt zusammen? Verbinde.

▶KB7

1. Henri mag Filme,
2. Marie möchte einen Motorroller erfinden,
3. Lars hat einen Roboter gebaut,
4. Kim braucht für ihren Roller eine Bremse,

A für den sie kein Benzin und keinen Strom braucht.
B ohne die sie den Roller nicht stoppen kann.
C in denen es Roboter gibt.
D mit dem er an einem Wettbewerb teilnehmen will.

b Lies die Sätze. Steht nach der Präposition Akkusativ oder Dativ? Kreuze an.

	Präp. + Akk.	**Präp. + Dat.**
1. Das ist mein Roboter Movi.		
A Ich habe zwei Wettbewerbe mit ihm gewonnen.	☐	☐
B Für ihn habe ich schon viel Geld ausgegeben.	☐	☐
C Meine kleine Schwester hat Angst vor ihm.	☐	☐
2. Dort ist meine Schule.		
A Ich lerne in der Schule jeden Tag interessante Sachen.	☐	☐
B Ich ärgere mich aber auch oft über die Schule.	☐	☐
C Ich habe in der Schule viele neue Freunde kennengelernt.	☐	☐

c Schreib mit den Sätzen aus b Relativsätze wie im Beispiel.

1. A *Das ist mein Roboter Movi, mit dem ich zwei Wettbewerbe gewonnen habe.*
   B ____________________
   C ____________________
2. A ____________________
   B ____________________
   C ____________________

d Schreib Relativsätze ins Heft. Es gibt verschiedene Möglichkeiten.

1. Ich hätte gern ein Ding,	für den	ich immer Limo und Cola bekommen können
2. Ich möchte in eine Schule gehen,	mit dem	ich alle Probleme lösen können
3. Ich hätte gern eine Maschine,	um das	ich keinen Strom brauchen
4. Ich möchte einen Laptop kaufen,	in der	ich mich nicht kümmern müssen
5. Ich hätte gern ein Roboterhaustier,	aus der	es Roboter als Lehrer geben

Ich hätte gern ein Ding, mit dem ich alle Probleme lösen kann.

8

▶KB8

a Welcher Artikel passt? Kreuze an.

1. Wegen ☒ eines ☐ einen Fehlers bekommt Mia nur eine Zwei für ihre Präsentation.
2. Ich muss heute wegen ☐ des ☐ der Geschichtsprojekts in der Bibliothek ein Buch ausleihen.
3. Lilli kann den Staubsauger wegen ☐ dem ☐ des leeren Akkus nicht einschalten.
4. Wegen ☐ die ☐ der kaputten Bremse kann Paul nicht mit seinem E-Roller fahren.
5. Wegen ☐ die ☐ der Hausaufgaben haben wir keine Zeit für unser Umweltprojekt.

b Ergänze wie im Beispiel.

1. Ich bleibe heute wegen des Regens zu Hause. (der Regen)
2. Jenna ist wegen ______________ sehr nervös. (die Präsentation)
3. Meine Schwester kann uns wegen ______________ heute nicht besuchen. (eine Prüfung)
4. Wegen ______________ kommt Kalle heute nicht zum Training. (ein Konzert)
5. Kati interessiert sich wegen ______________ für den Umweltschutz. (die Tiere)

9 Welche Redemittel passen zu welchem Punkt? Verbinde.

▶KB9

A Mein Thema ist …
B Vielen Dank fürs Zuhören / für eure Aufmerksamkeit.
C Ich persönlich …
D Ein Vorteil/Nachteil ist …
E Meiner Meinung nach …
F Zuerst spreche ich über …
G Ich hoffe, es war interessant für euch.

1. Thema
2. persönliche Erfahrungen
3. Vergleich mit meinem Heimatland
4. Vor- und Nachteile und Meinung
5. Abschluss und Dank

H Meine Präsentation ist jetzt zu Ende.
I Ich habe die Erfahrung gemacht, dass …
J In Spanien/Italien/ …
K Ich finde es positiv/negativ, dass …
L Ich denke/finde/glaube, dass …
M Bei uns …

Schule und mehr 7

1 a Das deutsche Schulsystem – Ergänze die Forumstexte.

▶KB2

Voraussetzung ✦ Empfehlung ✦ Abschluss ✦ ~~Grundschule~~ ✦ voraussichtlich

Jan, München

Hi, ich bin Jan. Seit drei Jahren gehe ich nun aufs Gymnasium. Damals haben meine Noten aus der Grundschule (1) zum Glück gereicht und ich habe eine __________ (2) für das Gymnasium bekommen. Da war ich sehr froh, denn ich will studieren und dann __________ (3) Anwalt werden. Die __________ (4) dafür ist natürlich das Abitur. Wenn ich an der Universität einen guten __________ (5) schaffe, finde ich später sicher einen Job.

Ausbildung ✦ Kurs ✦ gelangweilt ✦ Abitur ✦ Grundschule

Maxi, Essen

Hallo, Ich bin Maxi. Nach der __________ (1) bin ich zuerst auf eine Realschule gegangen, aber da habe ich mich manchmal __________ (2). Deshalb bin ich auf eine Gesamtschule gewechselt. Dort gibt es ein flexibles Kurssystem, das finde ich super. Ich bin in Mathe im besten __________ (3) und in Englisch im schlechtesten Kurs ;-). Nach dem __________ (4) möchte ich zuerst eine __________ (5) zur Fachinformatikerin machen und später vielleicht noch studieren.

b Lies die Texte in a noch einmal. Wer schreibt das: Jan oder Maxi? Notiere.

1. Nach dem Abitur will ich studieren. __________
2. Ich will nach der Schule eine Lehre machen. __________
3. Sprachen kann ich nicht so gut. __________

c Welche Abschlüsse passen wo? Schreib. Manche Abschlüsse passen mehrfach.

Bachelor ✦ Mittlere Reife ✦ Master ✦ Hauptschulabschluss ✦ Abitur ✦ Diplom

1. Hauptschule Hauptschulabschluss
2. Realschule __________
3. Gesamtschule __________ / __________ / __________
4. Gymnasium __________
5. Universität __________ / __________ / __________

2 a *Innerhalb* oder *außerhalb*? – Ergänze die Sätze.

▶KB3

1. Innerhalb ______ eines Jahres habe ich mein Englisch sehr verbessert. Ich habe ganz viele englische Bücher gelesen, das hat super geholfen.
2. Unser Lehrer will, dass wir ______ einer Woche 100 neue Wörter lernen. Das schaffen wir nie!
3. Ich habe mir ______ eines Tages drei Filme auf Deutsch angesehen. Nachts habe ich dann auf Deutsch geträumt!
4. An unserer Schule gibt es viele Projekte ______ der Klassenräume, zum Beispiel im Schulgarten.

b Lies die Sätze in a noch einmal und ergänze die Tabelle.

Genitiv-Formen:

der Tag	das Jahr	die Woche	die Klassenräume
des Tages	des Jahres	der Woche	d___ Klassenräume
ein___ Tages	ein___ Jahres	ein___ Woche	______

3 a Lerntipps – Mach das Rätsel. Wie heißt das Lösungswort?

▶KB6

1.
2.
3.
4.
5.
6.
7.
8.

1. Vokabeln kannst du dir besser …, wenn du sie schreibst.
2. Mach dir einen Zeitplan, dann bist du kurz vor der Klassenarbeit nicht unter ….
3. Bemüh dich, genug zu schlafen, damit du beim Lernen … bist.
4. Wenn dein Schreibtisch leer ist, kannst du dich besser ….
5. Wie man am besten lernt, ist … unterschiedlich.
6. Eine gute … ist immer besser als eine schlechte Note ;-)!
7. Versuche, in der Woche vor der Klassenarbeit Stress zu ….
8. Ein Tipp zum Entspannen: Geh raus und mach einen …!

Lösungswort: Plane auch genug Zeit für die _ _ _ _ _ _ _ _ _ ein!

7

b ***Während* + Genitiv – Ergänze.**

der Pause ✦ des Unterrichts ✦ der Ferien ✦ ~~des Lernens~~

1. Versuch, dich während des Lernens ____________ gut zu konzentrieren.
2. Pass während ____________ auf, dann musst du später weniger lernen.
3. Geh während ____________ an die frische Luft, dann bist du wacher.
4. Wiederhole auch während ____________ immer wieder Vokabeln.

4 a Eine Überraschungsparty planen – Verbinde.

▶KB7

1. ● Carla hat am Samstag Geburtstag. Wollen wir sie mit einer Party überraschen?
2. ● Ich schlage vor, dass wir einfach zu Carla nach Hause gehen.
3. ● Verstehe. Wir könnten auch bei mir feiern, meine Eltern finden das okay.
4. ● Die Clique reicht. Ich schreibe allen eine Nachricht. Wir brauchen auch was zum Essen!
5. ● Nein, du musst nicht allein in den Supermarkt gehen. Wir fragen einfach alle, ob sie was mitbringen können.
6. ● Ich kann einen Salat machen. Wir brauchen auch noch ein Geschenk!
7. ● Von mir aus.

A ○ Einverstanden. Du hast echt coole Eltern! Wollen wir einfach die Clique einladen oder wer soll kommen?
B ○ So machen wir es. Ich bringe Brötchen mit, und du?
C ○ Alles klar, bis Samstag!
D ○ Besser nicht. Sie hat so wenig Platz zu Hause, das ist nicht gut.
E ○ Du hast recht, das ist ja eigentlich das Wichtigste! Aber ich habe keine Idee! Weißt du was, wir fragen einfach die anderen.
F ○ Gute Idee! Wo sollen wir feiern?
G ○ Stimmt! Wenn du willst, gehe ich einkaufen. Was brauchen wir?

b **Lies den Dialog in a noch einmal. Über welche Fragen haben die beiden gesprochen? Kreuze an.**

☐ Wo? ✦ ☐ Um wie viel Uhr? ✦ ☐ Wer kommt? ✦ ☐ Essen? ✦ ☐ Getränke? ✦ ☐ Geschenk?

c **Welche Antwort passt? Kreuze an.**

1. Wollen wir zusammen lernen?
   - a Verstehe!
   - ☒ b Ja, gerne!
2. Wir könnten uns bei mir treffen.
   - a Von mir aus.
   - b Nein, das ist doch zu teuer.
3. Wir brauchen auch was zum Essen.
   - a Meinst du?
   - b Ich kann nicht.
4. Ich schlage vor, dass wir danach ins Kino gehen.
   - a Stimmt!
   - b Gute Idee!

d **Eine Freundin aus eurer Klasse ist im Krankenhaus. Ihr wollt sie besuchen. Schreib zu den Fragen einen Planungsdialog. Die Redemittel in a und c helfen.**

Wann? ✦ Wer soll mitkommen? ✦ Wie hinkommen? ✦ Was mitbringen?

● Du, Zoe ist doch im Krankenhaus, wollen wir sie besuchen?
○ Ja, das ist eine gute Idee. Wann ...

5 a Prozentzahlen – Schreib wie im Beispiel.

▶KB8

ein Fünftel ✦ ein Viertel ✦ ein Drittel ✦ die Hälfte ✦ ~~zwei Drittel~~ ✦ drei Viertel

1. 66 % zwei Drittel
2. 25 % ______________
3. 50 % ______________
4. 20 % ______________
5. 33 % ______________
6. 75 % ______________

b Eine Grafik beschreiben – Ergänze.

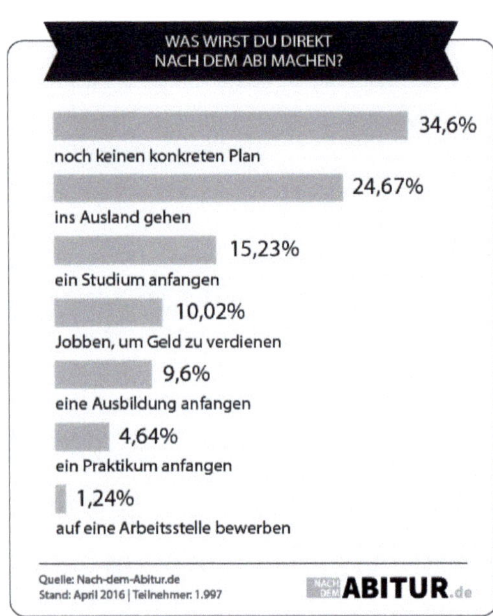

In d _e_ _r_ Grafik ge __ es u _ die Fra __, was Jugend _____ nach d __ Schule mac ___ möchten. Die mei ____ Jugendlichen, üb __ ein Drit ___, haben no __ keinen konkr ____ Plan. Fa __ ein Vier ___ möchte na __ der Sch ___ ins Ausl ___ gehen. Nu _ sehr wen ___ Jugendliche, kn ___ zehn Proz ___, möchten ei __ Ausbildung anfa ____. Und nur 1,24 Prozent sa ___, dass s __ sich au _ eine Arbeits ______ bewerben möc ____.

6 a Was wird nach der Schule sein? – Ergänze *werden* in der passenden Form.

▶KB9

Mein Freund weiß schon ganz genau, was er nach der Schule machen wird (1), aber ich habe keine Ahnung. Er ______________ (2) jobben und viel Geld verdienen, und dann ______________ (3) seine beiden besten Freunde und er zusammen nach Australien gehen. Er sagt: „Dort ______________ (4) wir im Dezember am Strand liegen, während ihr in Deutschland wahrscheinlich Regen haben ______________ (5)! Aber ich hoffe, du ______________ (6) mich dort besuchen!"

Ich ______________ (7) mit meinen Eltern sprechen. Wenn ich gute Abiturnoten habe, ______________ (8) sie mir vielleicht Geld für die Reise geben!

b Welche Wörter haben eine ähnliche oder die gleiche Bedeutung? Ergänze die Wortpaare.

die Universität ✦ die Ausbildung ✦ die Arbeitsstelle ✦ die Entspannung

1. die Lehre = ______________
2. der Job = ______________
3. die Hochschule = ______________
4. die Erholung = ______________

c Lies die Beschreibungen und die Anzeigen. Welche Anzeige passt zu wem? Notiere.

1. Robin möchte Medizin studieren, hat aber keinen Platz an der Universität bekommen. Er möchte ein Jahr lang etwas tun, was ihm auch im Studium nützt. ____
2. Nina möchte gleich nach dem Abitur studieren, weiß aber noch nicht, was. ____
3. Paul arbeitet gern mit den Händen und möchte gleich Geld verdienen. ____
4. Bülent möchte besser Englisch lernen. Er hat zwei kleine Geschwister, auf die er schon immer gern aufgepasst hat. ____

A

Schule fertig – was nun?

Du hast das Abitur bestanden und du findest die Entscheidung, was du jetzt machen sollst, schwer?

Erfahrene Berufsberaterin hilft!

Ich teste deine Fähigkeiten und stelle dir spannende Berufe vor!
Termine unter …

C

Ausbildungsplatz frei!

Hast du genug vom Lernen und möchtest endlich einmal praktisch arbeiten? Magst du tolle Frisuren? Dann bewirb dich für eine Ausbildung bei uns und komm in unser junges Team! Du hast von Anfang an dein eigenes Einkommen! …

B

Au-pair-Service

Magst du kleine Kinder und möchtest für mehrere Monate oder ein Jahr bei einer Familie im Ausland leben? *Dann bewirb dich bei uns!* Du bekommst Wohnung, Essen, ein Ticket für die Verkehrsmittel, einen Sprachkurs und sogar noch Taschengeld. Mehr Infos unter …

D

Ein soziales Jahr – eine gute Erfahrung!

Etwas für andere tun und nach der Schule erstmal praktische Erfahrungen sammeln hilft dir und anderen! Mach ein soziales Jahr, arbeite im Kindergarten, Altenheim oder Krankenhaus. In dem Jahr hast du mehrere Treffen mit den anderen Freiwilligen. Informiere dich unter …

d Was wirst du in zehn Jahren machen? – Schreib. Die Redemittel und Stichpunkte helfen.

Ich glaube/denke/hoffe, dass … Ich werde vielleicht/wohl/wahrscheinlich/sicher … Vielleicht/wahrscheinlich …	Wohnen: in der Stadt / auf dem Land / im Ausland? Arbeit: welcher Beruf? warum? Familie: allein / mit Partner/in? Kinder? Hobbies: welche? wie oft?

In 10 Jahren werde ich wahrscheinlich …
____
____
____
____
____
____

8 Das ist Geschichte

1 Welche Wörter passen? Schreib.

▶KB1

Bundeskanzlerin/Bundeskanzler ✦ Asyl ✦ global ✦ ~~streikt~~ ✦ Sitz ✦ das Herz ✦ begeistert

1. Man möchte ein Ziel erreichen und arbeitet deshalb nicht oder geht nicht in die Schule: man streikt.
2. Wenn mir etwas sehr gut gefällt, bin ich ______________________.
3. auf der ganzen Welt = ______________________
4. 2015 haben viele Flüchtlinge in Deutschland ______________________ beantragt.
5. Die/Der ______________________ ist die Chefin / der Chef der Regierung.
6. Die deutsche Regierung hat ihren ______________________ in Berlin.
7. ♡ = ______________________.

2 a Herr Wolf erzählt – Richtig oder falsch? Kreuze an.

▶KB2

1949, das Jahr meiner Geburt, war auch das Geburtsjahr der beiden deutschen Staaten, Bundesrepublik Deutschland (BRD) und Deutsche Demokratische Republik (DDR). Als Kind wohnte ich mit meinen Eltern in Ost-Berlin, aber mein Vater arbeitete in West-Berlin. Das ging, er musste an der Grenze nur seine Dokumente zeigen. Aber immer mehr Menschen verließen die DDR, weil sie den Westen demokratischer fanden. Da so viele Einwohnerinnen und Einwohner flüchteten, baute die DDR 1961 eine Mauer um Westberlin und kontrollierte die Grenze zur Bundesrepublik sehr stark. Für mich bedeutete das, dass ich meine Oma in West-Berlin nicht mehr besuchen konnte. Da war ich sehr traurig. Weil ich in der DDR nicht studieren durfte, plante ich 1968 die Flucht. Ich hatte große Angst, dass die Grenzpolizei mich findet. Zum Glück schaffte ich es über die Grenze. Im Westen konnte ich an die Universität gehen und Medizin studieren. Der Preis war hoch, denn meine Schwester blieb mit meinen Eltern in der DDR und wir sahen uns über 20 Jahre nicht. Mir ging es gut, ich wurde Arzt und begann, in einem Krankenhaus zu arbeiten. Aber die Menschen in der DDR wurden immer unzufriedener, weil sie ihre Meinung nicht offen sagen durften. Wenn man die Regierung kritisierte, bekam man ganz schnell Probleme. Meine Schwester nahm an vielen Demonstrationen teil und ich hatte oft Angst um sie. Aber die Menschen gaben nicht auf, sie kämpften für mehr Demokratie, und endlich fiel die Mauer.
Für uns war die deutsche Wiedervereinigung auch der Tag unserer Wiedervereinigung als Familie. Deswegen feiern wir am 3. Oktober immer ein großes Familienfest.

	richtig	falsch
1. Axel Wolf ist so alt wie die Bundesrepublik.	☐	☐
2. Er lebte früher in West-Berlin.	☐	☐
3. Nach dem Bau der Mauer war er oft bei seiner Oma.	☐	☐
4. Er floh in die Bundesrepublik, weil er an eine Hochschule wollte.	☐	☐
5. Seine Familie ist auch in den Westen gegangen.	☐	☐
6. Seine Schwester hat gegen die DDR-Regierung demonstriert.	☐	☐

8

b **Markiere in a die Präteritum-Formen und ergänze die Infinitive.**

1. sie verließen verlassen
2. sie fanden ______
3. sie blieb ______
4. wir sahen ______
5. ich wurde ______
6. ich begann ______
7. man bekam ______
8. sie nahm teil ______
9. sie gaben auf ______
10. sie fiel ______

c **Ergänze die Tabelle.**

Präteritum

	sein	*haben*	Modalverben	regelmäßige Verben	unregelmäßige Verben
ich		hatte			
du				wohntest	gingst
er/es/sie	war		musste		
wir					
ihr				wohntet	gingt
sie/Sie					

3 **a** **Wortschatz wiederholen: Orte in der Stadt – Schreib die Nomen richtig mit Artikel und (wenn möglich) Plural.**

▶KB3

1. Gschäeft das Geschäft, die Geschäfte
2. Farlohmkt ______
3. Schwmbmiad ______
4. Meusum ______
5. Kichre ______
6. Fußgägnerzeno ______
7. Restenaurat ______
8. Trierpak ______
9. Kisok ______
10. Thetear ______
11. Bikolebith ______
12. Jeugendherbreg ______

b **Wohin gehst du (nicht) gern? Warum? Wähle fünf weitere Wörter und schreib Sätze mit *weil* wie im Beispiel.**

1. Ich gehe gerne in Geschäfte, weil ich gerne einkaufe.
2. ______
3. ______
4. ______
5. ______
6. ______

c **Eine Stadtrundfahrt durch München – Ergänze.**

erleben ✦ bekannt ✦ Sehenswürdigkeiten ✦ wohlfühlen ✦ Tour ✦ Gebäude ✦ Aussicht ✦ Denkmäler ✦ ~~historischen~~ ✦ Türme

Herzlich willkommen am Marienplatz, im historischen (1) Zentrum. Wir starten hier unsere gemeinsame ________________ (2) durch München. Hier steht das neue Rathaus. Es sieht alt aus, ist aber nur etwas über 100 Jahre alt. Dort hinten sieht man die ________________ (3) der Frauenkirche. Sie gehört zu den berühmtesten ________________ (4) der bayrischen Metropole. Man kann auch auf einen der Türme steigen. Eine noch bessere ________________ (5) hat man vom Fernsehturm im Olympiapark.

Der Markt im Zentrum heißt Viktualienmarkt und ist sehr ________________ (6). Wenn Sie gerne Lebensmittel aus den verschiedensten Ländern probieren möchten, werden Sie sich hier ________________ (7)! Auf dem Platz stehen mehrere ________________ (8) für berühmte Personen aus München, zum Beispiel für den Schauspieler, Sänger und Autor Karl Valentin und für seine Partnerin Liesl Karlstadt.

Sie können jetzt eine halbe Stunde lang den Markt selbst ________________ (9). Danach gehen wir zur Maximilianstraße. Dort gibt es sehr viele teure Geschäfte, und ganz am Ende sehen wir dann ein großes ________________ (10), das ist das bayerische Parlament.

d **Relativsätze mit *wo* – Schreib die Sätze wie im Beispiel.**

1. Die Tour beginnt am Marienplatz, wo das Rathaus steht.
   (das Rathaus – wo – steht)
2. Das ist das neue Rathaus, ________________
   (ihren Sitz – die Regierung von München – hat – wo)
3. Dort sehen Sie die Türme der Frauenkirche, ________________
   (wo – eine gute Aussicht – man – hat)
4. Im Olympiapark steht der Fernsehturm, ________________
   (noch besser – wo – ist – die Aussicht)
5. Nun kommen wir zum Viktualienmarkt, ________________
   (man – wo – Lebensmittel aus der ganzen Welt – findet)
6. Wir gehen in die Maximilianstraße, ________________
   (teuer – kann – wo – man – einkaufen)

4 Tipps für eine Reise nach Dresden – Verbinde.

▶KB4

1. In Dresden solltet ihr unbedingt in den Skaterpark in der Lignerallee gehen,
2. Im Sommer ist es an unserem Fluss, der Elbe, toll,
3. Und im Winter bin ich gerne auf dem Weihnachtsmarkt,
4. In Dresden-Neustadt ist meine Lieblingsstraße,
5. Der Name dieser Straße ist aber etwas,
6. Das ist noch lange nicht alles,

A wo man tolle Tricks sehen kann.
B was ich hier nicht verraten werde ;-).
C wo man sogar schwimmen kann.
D wo es viele tolle Cafés gibt.
E was in Dresden schön ist.
F wo man tolle Weihnachtsgeschenke kaufen kann.

5 Was bedeutet (ungefähr) das Gegenteil? Ergänze.

▶KB5

sich anstrengen ✦ die Umweltverschmutzung ✦ ab und zu ✦ ~~ein Augenblick~~ ✦ sich trennen ✦ erwachsen ✦ ideal ✦ geschehen ✦ stürzen ✦ die Scheidung ✦ eine Enttäuschung ✦ zurückkommen

1. eine lange Zeit ein Augenblick
2. sich nicht ereignen ______
3. sehr oft ______
4. absolut nicht gut ______
5. jugendlich ______
6. zusammenkommen ______
7. der Umweltschutz ______
8. losfahren ______
9. eine positive Überraschung ______
10. die Heirat ______
11. sich keine Mühe geben ______
12. aufstehen ______

6 a *War* oder *hatte*? Kreuze an.

▶KB6

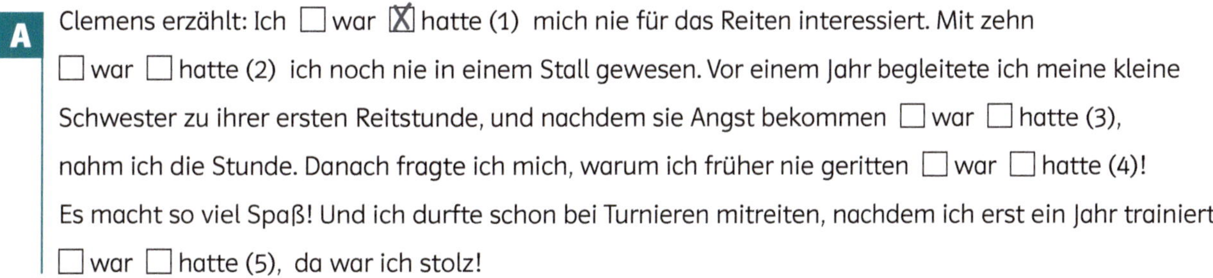

A Clemens erzählt: Ich ☐ war ☒ hatte (1) mich nie für das Reiten interessiert. Mit zehn ☐ war ☐ hatte (2) ich noch nie in einem Stall gewesen. Vor einem Jahr begleitete ich meine kleine Schwester zu ihrer ersten Reitstunde, und nachdem sie Angst bekommen ☐ war ☐ hatte (3), nahm ich die Stunde. Danach fragte ich mich, warum ich früher nie geritten ☐ war ☐ hatte (4)! Es macht so viel Spaß! Und ich durfte schon bei Turnieren mitreiten, nachdem ich erst ein Jahr trainiert ☐ war ☐ hatte (5), da war ich stolz!

B Marlon erzählt: Nachdem ich von dem Projekt auf Teneriffa erfahren ☐ war ☐ hatte (1), bewarb ich mich dort sofort. Nachdem ich die Nummer von meiner Gastfamilie bekommen ☐ war ☐ hatte (2), telefonierten wir oft. Nachdem ich auf Teneriffa gelandet ☐ war ☐ hatte (3), ging ich gleich zu dem Tierheim. Ich musste viel weniger arbeiten, als ich gedacht ☐ war ☐ hatte (4). Zu Hause ☐ war ☐ hatte (5) ich immer zur Spanisch-Nachhilfe gegangen. Nachdem ich auf Teneriffa so viel Spanisch gesprochen ☐ war ☐ hatte (6), konnte ich die Sprache viel besser.

b **Schreib die Sätze mit *nachdem* im Plusquamperfekt.**

1. (ich meinen Führerschein bestehen) Nachdem ich meinen Führerschein bestanden hatte, bin ich allein mit dem Bus losgefahren.
2. Ich habe meine Pläne geändert, ______ (ich keine Lust mehr haben)
3. (meine Eltern sich trennen) ______, ging es mir nicht gut.
4. (ich stürzen) ______, war meine Tennis-Karriere zu Ende.
5. (sich die Katastrophe in Japan ereignen) ______, gab es viele Demonstrationen.
6. (ich mein Abitur machen) ______, begann ich Biologie zu studieren.
7. (ich lange sehr viel im Netz surfen) ______, erlebte ich wieder mehr im „richtigen" Leben.
8. (ich beim Chatten Nora kennen lernen) ______, verliebte ich mich in sie.

c **Zusammenfassung: Zeitformen – Ergänze die Tabelle für die 3. Person Singular (*er/es/sie*).**

	Plusquam-perfekt	Perfekt	Präteritum	Präsens	Futur I
haben	hatte gehabt	hat gehabt*			wird haben
sein	war gewesen	ist gewesen*			wird sein
leben	hatte gelebt	hat gelebt			
fahren	war gefahren		fuhr		

* Diese Formen werden nur sehr selten verwendet.

7 a Noras neues Tattoo: eine Katastrophe! – Lies und ordne die Geschichte.

▶KB7

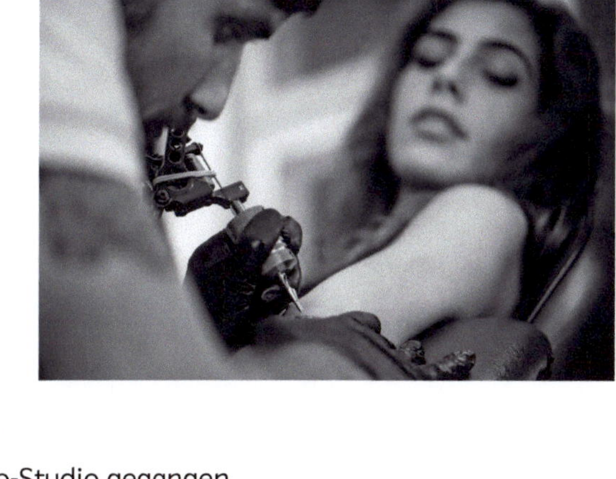

____ A Bevor ich dorthin ging, hatte ich mir schon ein Motiv ausgesucht.

____ B Das nächste Mal schaue ich die Farben genau an, bevor ich mir ein Tattoo machen lasse!

____ C Während der Tattoo-Künstler das Tattoo machte, schaute ich natürlich weg.

_1._ D Du willst wissen, warum ich bei dem Wetter ein langes T-Shirt trage?

____ E Ach, das ist eine Katastrophe! Nachdem ich gestern endlich 18 geworden war, bin ich sofort in ein Tattoo-Studio gegangen.

____ F Als er fertig war, war ich geschockt, die Farben sind schrecklich!

b So ein Chaos mit unserer Party! – Was passt: *nachdem*, *während* oder *bevor*?

Meine Party letzte Woche war das totale Chaos! Meine Eltern hatten schon eingekauft, _bevor_ (1) ich die Zahl der Gäste wusste. ____________ (2) sie außerdem nur Chips gekauft hatten, hatten wir viel zu wenig zum Essen. Deshalb mussten sie noch mal in den Supermarkt fahren, ____________ (3) schon die ersten Gäste kamen. Ich war also schon nervös, ____________ (4) die Party richtig anfing. Aber ____________ (5) meine Eltern leckeres Essen gebracht hatten, entspannte ich mich. Und ____________ (6) wir alle tanzten, grillte Simone für uns Gemüse und Würstchen. Lecker ☺!

8 Und deine Geschichte? – Wähle ein Thema und ergänze. Die Fragen und die Redemittel helfen.

Themen	Fragen	Redemittel
Sport	Wie alt warst du?	zuerst / am Anfang
Umweltschutz/Politik	Wann genau ist das passiert?	dann
Hobby	Wo?	danach
Familie	Mit wem?	später
Reisen	Warum?	zum Schluss / am Ende
Schule	Und wie ist es jetzt?	

Als ich ________ Jahre alt war, also im Jahr ________, ist etwas ganz Besonderes passiert:

____

____

____

____

____

____

____

9 Rund ums Geld

1 a Mach das Rätsel. Wie heißt das Lösungswort?

▶KB1

1.											
		2.									
		3.									
4.											
	5.										
6.											

1. … bekommt man regelmäßig von den Eltern und kann sich so Dinge kaufen.
2. Ich bezahle doch keine 1000 Euro für einen Laptop – der … ist mir viel zu hoch!
3. Wenn du ein neues Handy kaufst, musst du viel Geld …
4. Viele Jugendliche wollen im Sommer Geld verdienen, sie suchen einen …
5. Etwas, das viel Geld kostet, ist sehr …
6. Viele Jugendliche haben ihr Geld auf der Bank, es ist auf einem …

Lösungswort: _ _ _ _ _ _

b Welche Verben passen nicht? Streiche durch.

Man kann Geld haben / verdienen / ~~helfen~~ / sparen / bezahlen / unternehmen / überweisen / ausgeben / kosten / bekommen / treffen / brauchen / arbeiten.

c Ist Geld wichtig? – Ergänze die Aussagen.

teuer ✦ Taschengeld ✦ verdienen ✦ ~~ausgeben~~ ✦ überweisen ✦ sparen ✦ kaufen ✦ Konto

Viel Geld zu haben ist mir nicht so wichtig. Mit Freunden Spaß haben, etwas unternehmen, ausgehen – für solche Dinge gebe ich viel aus (1). Ich will nicht ______ (2) und viel auf dem ______ (3) haben und muss mir auch keine ______ (4) Sachen kaufen.

Ich habe viele Wünsche, ein neues Handy, einen Computer, Klamotten. Deshalb reicht mein ______ (5) auch nie. Meine Eltern ______ (6) mir jeden Monat 50 Euro auf mein Konto, aber das ist schnell weg. Jetzt habe ich mir einen Job gesucht. Ich ______ (7) selbst etwas Geld. So kann ich mir mehr ______ (8).

d Freunde, Hobbys, Geld, … Was ist für dich wichtig und warum? – Schreib einen kurzen Text ins Heft (4–5 Sätze). Die Aussagen in c helfen.

2 Lies den Text und bring die Sätze in die richtige Reihenfolge.

▶KB2

Reparieren, nicht wegwerfen!!!

Hat deine Lieblingsjeans ein Loch? Hattest du eine Panne mit dem Rad? Funktioniert dein Laptop nicht mehr? Wenn etwas kaputtgeht, muss man die Sachen nicht sofort wegwerfen. Meistens kann man Dinge leicht reparieren. Wo und wie? Ganz einfach, denn bestimmt gibt es auch in deiner Nähe ein *Repair Café*.

In den meisten größeren Orten finden solche Veranstaltungen regelmäßig statt. Hier kann man die verschiedensten kaputten Gegenstände selbst reparieren. Viele Leute kommen mit elektrischen Geräten, Kleidung, Fahrrädern oder Möbeln zu den Treffen.

Die nötigen Geräte, Werkzeuge und auch Material gibt es dort und jeder kann alles benutzen. Du weißt nicht, wie du deine Sachen reparieren sollst? Kein Problem, denn die Experten vom *Repair Café* geben Tipps und helfen beim Reparieren.

Das alles kostet nichts. Mit dem Angebot wollen *Repair Cafés* etwas gegen Verschwendung und für die Umwelt tun. Diese Idee kommt aus den Niederlanden, ist aber mittlerweile in vielen Ländern bekannt und beliebt.

Bei den Treffen bekommt man außerdem kostenlos Getränke und Kuchen. Daher der Name *Repair Café*. Ein Ziel ist es nämlich auch, dass sich Leute kennenlernen, sich miteinander unterhalten und voneinander lernen.

Das Reparieren ist außerdem gut für den Geldbeutel, denn so muss man sich nicht so oft etwas Neues kaufen. Denn das ist teuer und meistens gar nicht nötig.

_____ Reparieren ist bei vielen Dingen einfach möglich.
__1.__ Kaputte Sachen gehören nicht sofort in den Müll.
_____ Kaffee und Kuchen sind gratis.
_____ Werkzeug muss man nicht selbst mitbringen.
_____ Im *Repair Café* bekommt man Unterstützung.
_____ Man kann sparen, wenn man Sachen repariert.
_____ Für die Hilfe muss man nichts bezahlen.

3 a Im *Repair Café* – Ergänze die Zusammenfassung.

▶KB3

braucht man sich keine neuen Sachen zu kaufen ✦ man braucht nichts mitzubringen ✦ man braucht nur zu fragen ✦ man braucht sie nur zu reparieren

Kaputte Dinge gehören nicht gleich in den Müll, ______________________________ (1), zum Beispiel im *Repair Café*. Dort bekommt man alle nötigen Werkzeuge, ______________________________ (2). Außerdem helfen Experten beim Reparieren, ______________________________ (3). So kann man nette Leute kennenlernen, etwas für die Umwelt tun und viel Geld sparen, denn das Reparieren kostest nichts und außerdem ______________________________ (4).

b Leihen, tauschen, reparieren – Schreib die Sätze wie im Beispiel.

1. Wenn du in einem Tauschring bist, (du – nichts – für viele Dinge – zu bezahlen – brauchst)
   brauchst du für viele Dinge nichts zu bezahlen.
2. Wenn du Hilfe suchst, (zu fragen – nur andere Mitglieder – du – brauchst)
   ______
3. Wenn du alte Sachen nicht wegwerfen willst, (du – sie nur – brauchst – zu reparieren)
   ______
4. Geh zu einem *Repair Café*, dann (auszugeben – du – brauchst – kein Geld)
   ______
5. Bei dem Tauschprojekt (man – nur Dinge – brauchte – zu tauschen – gegen wertvollere Dinge)
   ______

c Formuliere Tipps mit *brauchen zu* + Infinitiv wie im Beispiel.

ich	Bücher von Freunden leihen	sie nicht kaufen
du	Geld verdienen wollen	nur öfter für die Schule lernen
wir	kaputte Sachen reparieren	nur sparen
die Jugendlichen	etwas Teures kaufen wollen	nur einen Job suchen
ihr	gute Noten bekommen wollen	keine neuen Dinge kaufen

Wenn du Bücher von Freunden leihst, brauchst du sie nicht zu kaufen.

4 a Modalpartikeln – Was passt? Kreuze an.

▶KB4

1. ● Wir gehen am Wochenende ins Kino. Komm ☒ doch ☐ denn mit! – ○ Gern.
2. ● Simon hat eine neue Freundin. – ○ Woher weißt du das ☐ aber ☐ denn?
3. ● Wir haben morgen frei. – ○ Das ist ☐ ja ☐ denn cool.
4. ● Sieh ☐ mal ☐ denn, da kommt ja Paula. – ○ Klar, sie hat ☐ doch ☐ denn gesagt, dass sie auch in die Bibliothek geht.
5. ● Woher hast du ☐ denn ☐ aber das coole T-Shirt? – ○ Von Mena. Wir tauschen ☐ doch ☐ aber öfter Klamotten.

b Jemanden überzeugen – Verbinde.

1. An deiner Stelle	A dass Leihen und Tauschen kostenlos sind.
2. Ich finde,	B in Mathe helfen und ich ihm in Deutsch.
3. Ein Vorteil ist,	C beim Tauschprojekt mitmachen.
4. Du solltest	D du brauchst kein neues Fahrrad.
5. Tim könnte mir	E würde ich das Lineal sofort tauschen.

5 a In der Bank – Schreib die Wörter mit Artikel.

▶KB5

1. GROIKNOOT das Girokonto
2. BNAKKRTAE ______
3. GLEDATUAMOT ______
4. PSAS ______
5. FRUOMLRA ______
8. BRAGLDE ______

b Was passiert in der Bank? Ordne zu.

A wird unterschrieben. ✦ B wird beraten. ✦ C wird ausgezahlt. ✦ D werden gedruckt.

1. Der Kunde ___

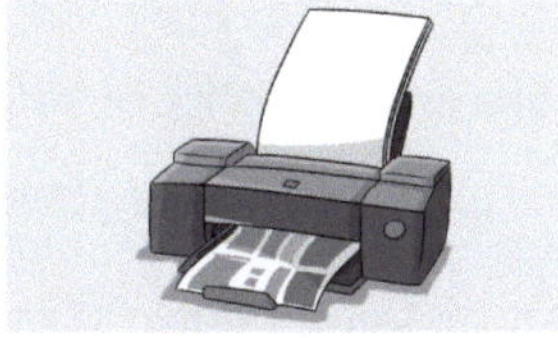

2. Die Formulare ___

3. Das Formular ___

4. Das Geld ___

c Vorgänge beschreiben – Schreib die Passiv-Sätze.

1. am Automaten – Geld – abgehoben – wird Am Automaten wird Geld abgehoben.
2. unterschrieben – werden – die Formulare ______
3. wird – der Pass – geprüft ______
4. das Konto – eröffnet – wird ______
5. verschickt – die Bankkarten – werden ______

d Und in der Schule, was passiert dort? – Schreib die Sätze im Passiv Präsens ins Heft.

~~einen Test schreiben~~ ✦ in der Pause chillen ✦ Fragen stellen ✦ die Hausaufgaben kontrollieren ✦ Aufgaben lösen

Ein Test wird geschrieben.

6 a Passiv Präsens und Passiv Präteritum – Ergänze die Tabelle.

▶KB7

Passiv		Präsens	Präteritum	
Singular	Das Geld			bezahlt.
Plural	Die Kunden			beraten.

wird ✦ wurden ✦ werden ✦ wurde

b Eine kleine Geschichte des Geldes – Ergänze die Formen im Passiv Präteritum.

Zuerst wurden Lebensmittel und andere Dinge getauscht (1 tauschen). Dann ______ das Geld ______ (2 erfinden). Am Anfang ______ nur mit Münzen ______ (3 bezahlen). Die ersten Münzen ______ in der Türkei ______ (4 herstellen). Erst später ______ Papierscheine ______ (5 einführen), zuerst in China. In Deutschland ______ im 15. Jahrhundert die erste Bank ______ (6 eröffnen). Die Bankkarte gibt es seit Mitte des letzten Jahrhunderts. Schon bald ______ die Karte zum Geldabheben, aber auch zum Bezahlen ______ (7 benutzen). Heute bezahlt man im Geschäft immer seltener mit Bargeld.

7 a Die Reklamation – Was passt? Kreuze an.

▶KB8

1. Wenn du etwas kaufst, solltest du ☐ die Quittung ☐ den Zeugen aufheben.
2. Wenn das Produkt dann nicht funktioniert, solltest du es ☐ wegwerfen ☐ reklamieren.
3. Manchmal kannst du es ☐ zurückgeben ☐ umtauschen und bekommst dein Geld wieder.
4. Das geht aber nicht immer, denn Läden ☐ tun das freiwillig. ☐ sind verpflichtet, das zu tun. Sie müssen kaputte Waren aber auf jeden Fall umtauschen oder reparieren.

b Alternativen formulieren mit *(an)statt zu* – Was passt? Ergänze.

kann man es umtauschen. ✦ kann man es reparieren. ✦ sollte er sein Geld sparen.

1. Statt das kaputte Handy gleich wegzuwerfen,
____
2. Anstatt ein neues Handy, das nicht funktioniert, zurückzugeben,
____
3. Anstatt jedes Jahr das neueste Handy zu kaufen,
____

c Ordne und schreib die Sätze mit *(an)statt zu* ins Heft.

1. alles – Anstatt – neu – zu kaufen / , du – Dinge – leihen – kannst – oder tauschen
____
2. solltest – arbeiten – Du / , um Geld – zu bitten – deine Eltern – statt
____
3. am Wochenende – zu chillen – Statt / , öfter lernen – du – solltest
____

d Schreib Sätze mit *anstatt zu.*

~~viel ausgehen~~ ↔ lernen ✦ ~~das Geld ausgeben~~ ↔ sparen ✦ ~~den Bus nehmen~~ ↔ Rad fahren ✦ ~~über Loch in neuer Hose ärgern~~ ↔ Hose reklamieren

Anstatt viel auszugehen …

8 Eine Reklamation – Ergänze.

▶KB9

umtauschen ✦ zufrieden ✦ selbstverständlich ✦ Quittung ✦ helfen ✦ Problem ✦ kaputt

● Hallo! Kann ich dir _______________ (1)?
○ Ich habe gestern diese Powerbank gekauft, ich bin aber nicht _______________ (2).
● Was ist denn das _______________ (3)?
○ Das Gerät funktioniert nicht richtig, es ist _______________ (4).
● Hast du die _______________ (5) noch?
○ Ja. Hier, bitte. Kann ich die Powerbank _______________ (6)?
● Ja, _______________ (7). Ich hole dir ein neues Gerät.

Jede Menge Arbeit 10

1 a Sieh die Fotos an und lies die Dialoge. Was passt zusammen? Verbinde.

▶KB1

1
- ● Ist das wirklich die Farbe, die wir ausgesucht haben?
- ○ Ja. Die Farbe wird noch heller. Sie ist jetzt noch nicht trocken.

3
- ● Brauchen Sie Hilfe?
- ○ Ja, der Koffer passt nicht mehr ins Gepäckfach.
- ● Warten Sie. Ich helfe Ihnen.

2
- ● Guten Morgen, Frau Baldo. Wie geht es Ihnen heute?
- ○ Es geht. Mein Fuß tut noch weh.
- ● Dann schaue ich mal.

4
- ● An der Kreuzung bitte rechts abbiegen. Sie fahren viel zu schnell.
- ○ Oh Entschuldigung.
- ● Achten Sie auf Fußgänger und Radfahrer.

b Welche Person von den Fotos aus a ist das? Notiere.

Foto A: Der Fahrlehrer ________ sagt dem Fahrschüler, wo er hinfahren soll.

Foto B: ______________________ fragt die Patientin, wie es ihr geht.

Foto C: ______________________ hilft den Fluggästen mit dem Gepäck.

Foto D: Die Kundin und ______________________ sprechen über die Farbe für die Wand.

c Suche zehn weitere Eigenschaften und notiere sie.

	A	B	C	D	E	F	G	H	I	J	K	L	M	N	O	P	Q	R
1	S	A	F	R	Z	U	V	E	R	L	Ä	S	S	I	G	L	U	M
2	I	M	L	O	U	G	A	N	E	O	F	Ü	A	K	E	T	B	Ö
3	L	I	E	P	K	E	P	H	I	L	F	S	B	E	R	E	I	T
4	K	O	X	T	U	D	R	E	K	S	Ü	V	D	M	E	K	R	J
5	R	Z	I	R	A	U	F	M	E	R	K	S	A	M	C	H	A	A
6	E	D	B	Ü	F	L	Ö	W	T	E	A	M	F	Ä	H	I	G	H
7	A	M	E	O	R	D	E	N	T	L	I	C	H	R	T	A	H	R
8	T	W	L	Ä	M	I	T	F	Ü	H	L	E	N	D	E	P	F	E
9	I	U	P	L	U	G	N	V	L	A	Y	R	O	S	Ü	P	A	M
10	V	E	R	A	N	T	W	O	R	T	U	N	G	S	V	O	L	L

zuverlässig
____
____
____
____
____
____
____
____
____
____

d Wie müssen Lehrer sein und wie müssen Schüler sein? – Wähle die drei wichtigsten Eigenschaften aus c und schreib einen kurzen Text ins Heft.

> Lehrer müssen … und … sein.
> Außerdem ist es wichtig, dass …

2 a Vorteile eines Praktikums – Ergänze die fehlenden Buchstaben.

▶KB2

Ein Pr_ _ti_ _m ist eine gute
Ent_c_ei_ _ng, da es e_ste
Erf_ _run_ _n im ber_fli_ _en Alltag
bi_t_t. Ein pos_t_v_r A_p_kt ist
auch, d_ _s gute K_nt_kte zur F_ _ma
und zu K_ _leg_n spä_ _r für den
B_r_f hel_ _n. Noch ein Arg_m_nt
für ein Praktikum ist, dass es viele
Hera_sfor_ _run_ _n gibt. A_ß_ _dem
l_rnt man, wie The_ri_ und Pr_x_s
zus_ _m_n f_nkti_ _ier_n.

b Welche Wortteile passen zusammen? Setze die Wörter zusammen und ergänze die Sätze. Die ersten Buchstaben helfen.

~~Prakti~~ ✦ All ✦ Land ✦ ~~kant~~ ✦ wirt ✦ stelle ✦ La ✦ Abtei ✦ Besprech ✦ tag ✦ bor ✦ Kennt ✦ ungen ✦ Bewer ✦ bungen ✦ Lehr ✦ schaft ✦ lungen ✦ nisse

1. Als Praktikant________ kann man den beruflichen A________________ zum Beispiel in einer Firma, in der L________________ oder im L________________ kennenlernen.
2. Man lernt, welche A________________ es in der Firma gibt, wie man B________________ organisiert und welche theoretischen K________________ und praktischen Fähigkeiten man braucht.
3. Ein gutes Praktikumszeugnis kann bei späteren B________________ zum Beispiel für eine L________________ helfen.

3 a Welcher Konnektor passt? Verbinde.

▶KB3

1. Ein Praktikum kannst du nicht nur während,
2. Du musst sowohl überlegen, wo du das Praktikum machst,
3. Ich mache mein Praktikum entweder beim Tierarzt
4. Bis jetzt habe ich weder eine Lehrstelle
5. Im Praktikum möchte ich nicht nur Kaffee kochen und kopieren,
6. Du kannst sowohl Erfahrungen sammeln

noch
sondern auch
als auch
oder

- nach der Schule machen.
- wie lange es dauern soll.
- im Krankenhaus.
- einen Praktikumsplatz.
- Besprechungen organisieren und mit Kunden sprechen.
- ein Netzwerk für den Beruf aufbauen.

b **Der Streit – Ergänze die Konnektoren.**

entweder – oder ✦ nicht nur – sondern auch ✦ weder – noch (2x) ✦ sowohl – als auch

● Hör auf zu chatten. Du sollst doch deine Bewerbung für das Praktikum schreiben.

○ Oh, Mann. Darf ich wenigstens Musik hören?

● Nein. Du sollst ________________ chatten ________________ (1) Musik hören.

○ Wieso nicht? Ich kann ________________ Musik hören ________________ (2) die Bewerbung schreiben. Kein Problem.

● ________________ du schreibst jetzt deine Bewerbung ________________ (3) ich behalte dein Handy bis morgen Nachmittag.

○ Du bist ________________ total streng, ________________ (4) richtig gemein!

● Ich bin ________________ streng ________________ (5) gemein, aber du bist faul. Wenn du deine Bewerbung morgen nicht abschickst, bist du die einzige in der Klasse ohne Praktikum!

c **Schreib Sätze über dich ins Heft. Verwende Doppelkonnektoren wie im Beispiel.**

1. Ich mache in den Ferien ein Praktikum / einen Campingurlaub.
2. Ich mache eine Ausbildung zur Flugbegleiterin / zur Malerin.
3. Ich möchte im Praktikum mit Kunden sprechen / neue Software kennenlernen.
4. Ich möchte draußen / am Computer arbeiten.

Ich mache in den Ferien weder ein Praktikum noch einen Campingurlaub.

4 a Welches Verb passt? Kreuze an.

▶ KB4

1. Im Krankenhaus: Als Praktikantin oder Praktikant muss man vielleicht Betten ☐ beziehen ☐ schlafen und bei Untersuchungen ☐ servieren ☐ helfen. Außerdem muss man bestimmt früh ☐ treffen ☐ aufstehen und hart ☐ arbeiten ☐ tragen.
2. In der Bank: Muss man als Praktikant in der Bank viel über Wirtschaft ☐ kennenlernen ☐ wissen? Ich glaube, man muss auch als Praktikant einen Anzug ☐ verkaufen ☐ tragen.
3. Im Restaurant: Ich denke, als Praktikantin oder Praktikant darf man auch Speisen und Getränke ☐ drehen ☐ servieren. Außerdem vermute ich, dass man in der Küche ☐ helfen ☐ sitzen muss.

b **Wähle drei Sätze aus a. Stimme zu oder drücke Zweifel aus.**

2. Ich habe meine Zweifel, ob man als Praktikant in der Bank viel über Wirtschaft ...

5 a Lies die E-Mail. Mit oder ohne *(e)n*? Streiche *(e)n* durch, wo es falsch ist. Kontrolliere dann deine Lösungen.

▶KB5

Hallo Maximilian,
du weißt ja, dass ich mich schon immer sehr für Affe/n (1) und Elefant/en (2) interessiert habe und viel über diese Tiere gelesen habe. Deshalb habe ich mich für ein Praktikum im Zoo beworben und hatte Glück! Letzten Monat war ich zwei Wochen lang Praktikant/en (3) im Zoo. Der Tierpfleger, Herr/n (4) Kast, ist ein Experte/n (5) für Affe/n (6), Elefant/en (7) und Löwe/n (8) und hat mir viel aus der Praxis erzählt. Das Praktikum war von Anfang an sehr spannend. Gleich am ersten Tag durfte ich einen kranken Bär/en (9) zu einer Operation begleiten. Bei der Operation selbst war ich aber nicht dabei. Danach habe ich die Affe/n (10) im Affenhaus beobachtet und ihnen zusammen mit einem anderen Praktikant/en (11) und Herr/n (12) Kast Futter gebracht. Besonders fasziniert war ich von dem kleinen Löwe/n (13) Kato. Der Löwe/n (14) ist erst kurz vor meinem Praktikum auf die Welt gekommen. Ich durfte ihn sogar manchmal streicheln. Aber vor seinen Eltern hatte ich ein bisschen Angst. Wenn Herr/n (15) Kast und ich im Löwenhaus geputzt haben, waren die Löwe/n (16) natürlich draußen. Trotzdem war ich immer froh, wenn wir fertig waren. In den zwei Wochen im Zoo habe ich sehr viel gelernt und nach der Schule möchte ich mich als Azubi im Zoo bewerben. Ich hoffe, ich habe eine Chance, denn es gibt viele Junge/n (17) und Mädchen, die diese Ausbildung machen wollen.
Hast du auch schon ein Schulpraktikum gemacht oder möchtest du gern ein Praktikum machen? Wenn ja, wo? Welcher Beruf interessiert dich?

Dein Luka

b Lies den Text noch einmal. Richtig oder falsch? Kreuze an.

	richtig	falsch
1. Luka findet Affen und Elefanten sehr interessant.	☐	☐
2. Im Zoo hat er viele neue Informationen über die Tiere bekommen.	☐	☐
3. Er hat bei einer Operation im Zoo zugesehen.	☐	☐
4. Er war nicht der einzige Praktikant im Zoo.	☐	☐
5. Der Löwe Kato ist noch ein Baby.	☐	☐
6. Luka war gern in der Nähe der großen Löwen.	☐	☐
7. Das Löwenhaus durfte er allein sauber machen.	☐	☐
8. Luka weiß noch nicht, ob er eine Ausbildung im Zoo machen will.	☐	☐

c Ergänze die Anzeigen mit den Wörtern in der richtigen Form.

Herr ✦ Bär ✦ Praktikant ✦ Affe ✦ Student ✦ Fotograf

A

Wir suchen einen netten ______________, der unserem Sohn (9. Klasse) Nachhilfe in Englisch gibt. Bezahlung: 10 € pro Stunde.

B

Du fotografierst gern und möchtest den Arbeitsalltag eines ______________ kennenlernen? Wir suchen noch zwei ______________ für den Sommer. Bei Interesse meldet euch bei ______________ Meyer unter: 0155 55555.

C

Du liebst Tiere und möchtest gern wissen, wie man einen ______________ pflegt oder einen ______________ für eine Untersuchung aus dem Affenhaus holt? Dann bewirb dich für ein Praktikum im Osnabrücker Zoo.

d Schreib Luka eine E-Mail im Heft und beantworte seine Fragen.

6 a Lies die Teile von Mias Bewerbung und bring sie in die richtige Reihenfolge.

▶KB6

☐ Zurzeit besuche ich das Schiller-Gymnasium in München. Ich gehe in die 9. Klasse.
In meinem Schülerpraktikum möchte ich sehr gern Erfahrungen in einem Foto-Studio sammeln.

☑ 1 Mia Brandt, Chopinstraße 19, 81245 München, Mia.Brandt@fmail.de

☐ Foto-Studio Meyer
Bäckerstraße 25
81241 München

☐ Anlagen: Zeugnis, Lebenslauf

☐ München, 24.4. …
Sehr geehrter Herr Meyer,

☐ vielen Dank für das nette Telefongespräch. Wie besprochen schicke ich Ihnen hiermit meine Bewerbung für ein Praktikum in Ihrem Foto-Studio vom 5. Juni bis 17. Juni … .

☐ Mit freundlichen Grüßen
Mia Brandt

☐ **Bewerbung für ein Schülerpraktikum**

☐ Ich interessiere mich sehr für Fotografie und Film. Schon seit fünf Jahren besitze ich eine gute Kamera und fotografiere besonders gerne Menschen, Tiere und die Natur.
Ich bin kreativ, zuverlässig und kann Verantwortung übernehmen.

☐ Über eine Einladung zum Vorstellungsgespräch würde ich mich sehr freuen.

b Du bewirbst dich für ein Praktikum im Restaurant *Pappsatt*. Schreib das Anschreiben. Die Stichwörter helfen.

- vom 12.5. bis 26.5.
- Schule, Klasse
- Erfahrungen in einem Restaurant
- Arbeit mit Menschen
- Essen und Trinken
- zuverlässig, pünktlich, gut mit Menschen umgehen

Sehr geehrte Frau Schuhmann,

hiermit ______________________________

____

Im Moment ______________________________

____

In meinem Praktikum ______________________________

Außerdem interessiere ich mich ______________________________

Ich bin ______________________________

____

Über ______________________________

7 a Was passt zusammen? Verbinde.

▶KB7

1. Im Eiscafé können Eis, Kaffee und Kuchen — B
2. Im Park darf
3. Im Foto-Studio können Fotos
4. Im Zoo dürfen nur manche Tiere
5. Im Flugzeug müssen die Koffer ins Gepäckfach

A gemacht werden.
B bestellt werden.
C gefüttert werden.
D gelegt werden.
E gegrillt werden.

b Schreib die Sätze mit Passiv und Modalverb zu Ende.

1. In der Küche muss der Tisch abgeräumt werden. (der Tisch abräumen)
2. Im Wohnzimmer kann ______ (man chillen)
3. Im Bad muss ______ (alles putzen)
4. Im Keller müssen ______ (die Regale aufräumen)
5. Im Flur können ______ (die Jacken aufhängen)

8 a Schreib die Sätze.

▶KB8

1. Sinan – früh aufstehen – jeden Tag / , seitdem – ein eigenes Pferd – er – haben
   Sinan steht jeden Tag früh auf, seitdem er ...
2. Mia – noch besser – fotografieren / , seit – ein Praktikum – sie – im Foto-Studio – machen
   ______
3. Florian – öfter – Gitarre spielen / , seitdem – eine neue Gitarre – er – haben
   ______
4. Clara – noch lieber – Tennis spielen / , seit – eine neue Trainerin – im Club – sein
   ______
5. Ole – besser in der Schule – sein / , seitdem – er – Lernpläne – machen
   ______

b *Seit(dem), bevor, nachdem* oder *während*? Was passt? Ergänze.

Kim hat sich die Haare gekämmt und sich schick angezogen, bevor (1) sie aus dem Haus gegangen ist. ______ (2) sie im Büro angekommen war, hat sie die Liste von ihrem Chef gelesen. ______ (3) ihr Chef einen Termin hatte, musste Kim eine Menge Aufgaben erledigen. Sie hat das Büro aufgeräumt, ______ (4) sie die Kunden angerufen hat. ______ (5) ihr Chef zurück ins Büro gekommen war, musste Kim noch mehr Aufgaben erledigen. ______ (6) Kim das Praktikum macht, findet sie die Schule viel besser.

Wir bewegen etwas! 11

1 Politik in Deutschland – Mach das Rätsel. Wie heißt das Lösungswort?

▶KB1

1.		P		L		T											
2.						B	Ü										
3.		B	U														
4.	R		P	R							E			N			
5.						B					S	L	Ä				R
6.						Ä		T									
7.											P	T					
8.					W		H										
9.											E			T	Z		

1. Personen, die in der Politik arbeiten, sind …
2. Alle … ab 18 Jahren dürfen politisch mitbestimmen.
3. Das deutsche Parlament heißt …
4. Der/Die Bundespräsident/in muss das Land …
5. Deutschland hat 16 …
6. Minister, Bundeskanzler oder Bundespräsident sind politische …
7. Berlin ist die … von Deutschland.
8. Man kann verschiedene Parteien …
9. Das Parlament beschließt …

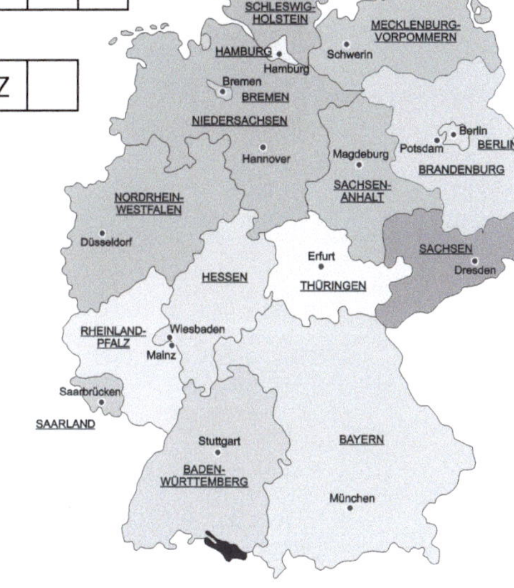

Lösungswort: die _ _ _ _ _ _ _ _ _

2 Wozu engagieren sich Jugendliche? – Ergänze.

▶KB2

damit sie berufliche Erfahrungen sammeln. ✦ damit sie ihre Freizeit sinnvoll nutzen und Bewegung haben. ✦ damit sie in der Gesellschaft etwas bewegen. ✦ damit die Natur besser geschützt wird.

Fast die Hälfte der Jugendlichen in Deutschland engagiert sich in ihrer Freizeit. Die Ziele sind ganz unterschiedlich.

Viele Jugendliche wollen in Umweltprojekten mitarbeiten,

______________________________ (1)

Andere haben schon klare Berufswünsche und arbeiten freiwillig,

______________________________ (2)

Sport mögen die meisten Jugendlichen gern. Viele trainieren Kinder im Verein,

______________________________ (3)

Wieder andere engagieren sich für soziale Projekte oder für Politik,

______________________________ (4).

Und ihr?

3 a Wer hat welche Ziele? – Lest und ordnet zu.

▶KB3

Gute Gründe, um Klassensprecher zu werden

Klassensprecher/Klassensprecherin ist ein wichtiges Amt. Nach den Wahlen in diesem Schuljahr haben wir von der Schülerzeitung einige gefragt, was ihre Ziele sind und was sie als Klassensprecher/Klassensprecherin erreichen wollen. Lest selbst:

»Viele Schüler wünschen sich mehr interessante Projekte und AGs. Als Klassensprecherin möchte ich Projekte vorschlagen und organisieren. Außerdem gibt es oft Streit in der Klasse. Ich möchte mich einsetzen, über Probleme sprechen, damit die Atmosphäre besser wird.«

Jenny, Klassensprecherin der 9a

»Ich wollte Klassensprecher werden, damit ich Mitschülern helfen kann. Viele Lehrer haben Lieblingsschüler. Das ist ein Problem. Außerdem sind die Noten nicht immer fair. Ich möchte mich für gerechte Noten engagieren.«

Lars, Klassensprecher der 10c

1. Jenny ist Klassensprecherin geworden,
2. Lars wollte Klassensprecher werden,

A um sich für spannende Angebote zu engagieren.
B um Schüler bei Problemen mit Lehrern zu unterstützen.
C um die Stimmung in der Klasse zu verbessern.
D um mit Lehrern über Bewertungen zu diskutieren.

b *Damit* oder *um zu*? – Was passt? Kreuze an.

1. Leni lernt viel für die Schule, ☒ damit ☐ um sie gute Noten ☐ zu ☒ – bekommt.
2. Florian ist Klassensprecher, ☐ damit ☐ um er anderen ☐ zu ☐ – helfen kann.
3. Jugendliche arbeiten freiwillig, ☐ damit ☐ um Erfahrungen ☐ zu ☐ – sammeln.
4. Ich gehe zu Demonstrationen, ☐ damit ☐ um Politiker mehr für die Umwelt ☐ zu ☐ – tun.
5. Stella lernt Deutsch, ☐ damit ☐ um mit deutschen Freunden sprechen ☐ zu ☐ – können.
6. Finn trainiert im Sportverein, ☐ damit ☐ um die Freizeit sinnvoll ☐ zu ☐ – nutzen.

c Wozu das alles? – Formuliere Sätze mit *damit* oder *um zu*.

ich	für die Schule lernen		gute Noten bekommen
viele Jugendliche	Klassensprecher/ Klassensprecherin sein		die Politiker etwas verändern
mein Freund/	an einer Demonstration teilnehmen	damit	anderen helfen
meine Freundin	Müll sammeln	um zu	die Straßen sauber sein
wir	sich für andere engagieren		in Deutschland studieren
ihr	Deutsch lernen		sie ein besseres Leben haben

Ich lerne für die Schule, um gute ...

4 a Lies den Text. In welcher Reihenfolge werden die Fragen beantwortet?

▶KB4

Streitschlichter: helfen, statt wegzuschauen

Streit und Konflikte sind an Schulen nicht selten. Viele schauen in solchen Situationen weg, die Streitschlichter nicht, sie helfen. An Schulen in Deutschland gibt es inzwischen oft Schülerinnen und Schüler, die sich um andere kümmern, wenn es Konflikte gibt. Dabei haben sie oft mehr Erfolg als Lehrerinnen und Lehrer. Lea Fuchs ist eine von ihnen. Seit der sechsten Klasse ist die heute 15-Jährige dabei, denn sie hasst Streit und wollte immer lernen, wie man Konflikte gut lösen kann. „Ich finde das einfach interessant. Ich habe mich schon in der Grundschule oft über Streit in meiner Klasse geärgert und wollte helfen." Bevor sie sich als Streitschlichterin für andere einsetzen konnte, hat sie einen Kurs besucht. Die Teilnahme ist Pflicht. Auf die Ausbildung hat sich Lea gefreut. Es wurde viel über Konfliktlösungen nachgedacht und diskutiert. Drei Regeln sind für die Gespräche mit den Streitenden in der Schule besonders wichtig. Jeder darf zu Ende sprechen, aber man darf nicht gemein sein und andere mit Worten verletzen. Die Streitschlichter bleiben immer neutral und die Gespräche sind geheim, das heißt, sie dürfen mit niemandem über die Schlichtung sprechen. Lea engagiert sich gern für ihre Mitschülerinnen und Mitschüler: „Es ist schön, den Kleinen zu helfen", sagt sie. Denn es sind vor allem jüngere Schüler, die Hilfe suchen und Konflikte oft nicht allein lösen können. Viele kommen bei Streit ganz von selbst zu ihr oder den anderen Schlichtern. Dass man ihnen vertrauen kann, ist bekannt. „Das freut mich und macht mich stolz.", sagt Lea.

Die Arbeit von Streitschlichtern wie Lea hilft, das Zusammenleben in der Schule zu verbessern. Außerdem bringt es auch persönliche Vorteile, z. B. wenn man sich bewerben will. Sich zu engagieren ist immer gut. Noch besser wäre allerdings eine Schule ganz ohne Streit und Konflikte, aber das bleibt wohl ein Traum, meint die 15-Jährige.

____ Woran hat Lea teilgenommen?

____ Um wen kümmern sich Streitschlichter?

____ Worüber freut sich Lea sehr?

____ Mit wem dürfen die Streitschlichter über die Konflikte reden?

____ Wofür hat sich Lea schon lange interessiert?

b Wofür kann man sich in deiner Schule engagieren? Welche Möglichkeiten gibt es? Was machst du, was machen deine Freunde? – Schreib einen kurzen Text ins Heft. Die Ausdrücke helfen.

sich bei Streit um andere kümmern ✦ sich für weniger Müll einsetzen ✦ anderen bei Aufgaben helfen ✦ neue Schülerinnen und Schüler unterstützen ✦ bei Projekten mitmachen ✦ sich Umweltaktionen überlegen ✦ ...

5 a Was gehört zusammen? Schreib in die Tabelle.

▶KB5

Präposition	Fragewort mit Präposition	Pronomen mit Präposition
an	Woran / An wen	
über		
auf		darauf / auf ihn
mit		
für		
um		
von		

Wovon / Von wem ✦ darum / um ihn ✦ ~~Woran / An wen~~ ✦ Womit / Mit wem ✦ ~~darauf / auf ihn~~ ✦ daran / an ihn ✦ Worauf / Auf wen ✦ darüber / über ihn ✦ Worum / Um wen ✦ dafür / für ihn ✦ damit / mit ihm ✦ Worüber / Über wen ✦ Wofür / Für wen ✦ davon / von ihm

b **Bilde mit jedem Fragewort eine Frage. Es gibt mehrere Möglichkeiten. Schreib ins Heft.**

Woran ✦ Worum ✦ Wofür ✦ Wovon ✦ Mit wem ✦ Worüber ✦ Worauf ✦ An wen ✦ Über wen ✦ Von wem

ärgerst du dich? ✦ träumst du? ✦ denkst du? ✦ streitest du? ✦ freust du dich? ✦ interessierst du dich? ✦ denkst du nach? ✦ erinnerst du dich? ✦ engagierst du dich? ✦ kümmerst du dich?

Fragen nach Personen	Fragen nach Dingen/Ereignissen
Über wen ärgerst du dich?	Wovon ...

c **Beantworte sechs Fragen aus b. Schreib ins Heft.**

Ich denke oft an ...

d **Präposition, Fragewort mit Präposition oder Pronomen mit Präposition? Was passt? Ergänze.**

1. ● Wusstest du, dass Mara sich jetzt für_____ Umweltschutz interessiert? Robin hat das gesagt.
   ○ Ja, sie arbeitet in einer Organisation mit. Hat sie dir nicht __________ erzählt?
   ● Nein. __________ hat sie mit mir nicht geredet. Aber ich spreche mal __________ ihr.
   Ich will mich auch __________ die Natur engagieren. Ich denke schon länger __________ nach.
2. ● __________ denkst du gerade, Finja?
   ○ Ich denke __________ die Ferien.
   ● Oh, __________ denke ich auch schon oft. Ich freue mich schon total __________ den Urlaub und aufs Chillen.
   ○ Ja, __________ freue ich mich auch.
3. ● Hey, __________ ärgerst du dich denn so?
   ○ Ach, __________ den Streit mit Marc.
   ● Wie bitte? __________ hast du dich gestritten?
   ○ Habe ich doch gerade gesagt, mit Marc.

6 Was macht ein Jugendparlament? – Welches Verb passt? Markiere.

▶KB6

1. Politiker beraten / gestalten
2. Projekte planen / stattfinden
3. über Aktionen wählen / diskutieren
4. sich regelmäßig organisieren / treffen
5. Jugendthemen nachdenken / besprechen

7 a In der Schule – Was ist nicht so gut? Was ist die Folge? Verbinde und schreib dann die Sätze mit *sodass* ins Heft.

▶KB7

1. Wir haben oft viele Hausaufgaben.
2. Die Klassenräume sind zu klein.
3. Wir haben keine Mensa.
4. Die Schule hat nur wenig Geld.

A Man kann nicht in der Schule zu Mittag essen.
B Sie kann keine neuen Computer kaufen.
C Wir können nicht chillen.
D Die Schüler haben nicht genug Platz.

1. Wir haben oft viele Hausaufgaben, sodass wir nicht chillen können.

b Und was ist gut? – Ordne und schreib die Sätze mit *sodass* und *so ..., dass*.

1. ist – Die Atmosphäre – gut – so / , alle – dass – lernen – gern – dort
2. An der Schule – Streitschlichter – es – gibt /, sodass – Konflikte – gelöst – gut – werden
3. sind – Die meisten Lehrer und Lehrerinnen – nett / , wir – selten – haben – sodass –Probleme – mit ihnen
4. oft – mit digitalen Medien – arbeiten – Wir /, der Unterricht – Spaß – sodass – macht
5. gibt – Es – interessante AGs – so /, viele – dass – nutzen – die Angebote

Die Atmosphäre ist so gut, dass ...

c Deine Traumschule – Wie ist sie? Was sind die Folgen? Wähle vier Themen und schreib Sätze mit *sodass* oder *so ..., dass*.

Bibliothek ✦ Sporthalle ✦ Lehrer/Lehrerinnen ✦ Klassenräume ✦ Mensa ✦ Projekte ✦ Atmosphäre ✦ AGs

Die Klassenräume sind so groß und gemütlich, dass ...

8 a Deine Meinung ausdrücken – Verbinde.

▶KB8

1. Ich bin ganz — C
2. Ich bin
3. Es ist
4. Ich halte
5. Ich stehe

A auf dem Standpunkt, dass ...
B ja klar, dass...
C sicher, dass ...
D überzeugt, dass ...
E es für richtig/falsch, dass

b Jugendliche und Politik – Ergänze die Forumsbeiträge.

wählen ✦ sicher ✦ Themen ✦ überzeugt ✦ bewegen ✦ wichtig ✦ kümmern ✦ Politik ✦ Standpunkt ✦ interessieren

Simon, 15 Jahre

Ich bin ______________ (1), dass Jugendliche sich für Politik interessieren sollten. Außerdem halte ich es für ______________ (2), dass man in der Schule mehr über ______________ (3) spricht und lernt. Sonst weiß man nicht Bescheid, wenn man 18 ist und ______________ (4) darf. Man sollte sich engagieren, um etwas zu ______________ (5).

Ilvy, 16 Jahre

Viele Jugendliche finden Politik langweilig und ______________ (6) sich nicht dafür, z. B. weil es nicht um ihre Themen geht. Ich bin ganz ______________ (7), dass man das ändern könnte. Ich stehe auf dem ______________ (8), dass Politiker sich mehr um Jugendliche ______________ (9) sollten. Sie sollten sie auch über soziale Medien wie Youtube ansprechen und für politische ______________ (10) begeistern.

c Und was denkst du zum Thema „Jugendliche und Politik"? Schreib einen Text für ein Forum ins Heft. Verwende Redemittel aus a und b, um deine Meinung auszudrücken.

12 Ist das Kunst oder ...?

1 a Kunst – Wie heißen die Verben? Schreib.

A
SATKNE
____

B
TEZNAN
____

C
FOGREIRTOEFAN
____

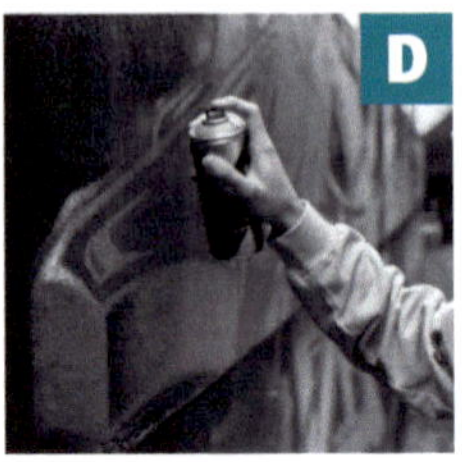
D
SRPYANE
____

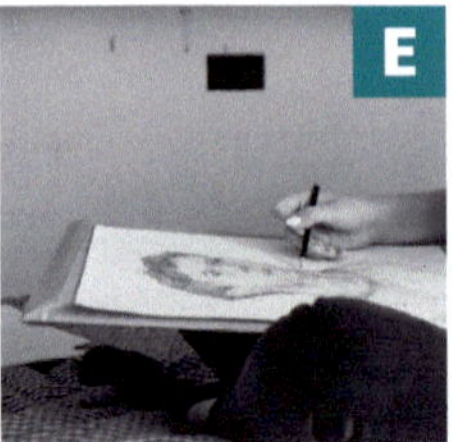
E
ZINHECNE
____

b Was passt nicht? Streiche durch.

1. spielen — Theater / ~~Ballett~~ / Gitarre / Instrumente
2. schreiben — Songs / Gedichte / Geschichten / Videos
3. drehen — Filme / Fotos / Videos
4. zeichnen — Bilder / Songs / Porträts / Comics

c Ist das Kunst? – Ergänze die Texte.

Musik ✦ schreiben ✦ zeichnen ✦ Gitarre ✦ Skaten ✦ Kurs ✦ ~~Tricks~~ ✦ Gedichte ✦ Kunst ✦ Songs ✦ Comic

Jakob, 15

Ich skate schon, seit ich klein bin. Ich bin auch gut und kann ein paar echt coole _Tricks_ (1). Viele finden, dass __________ (2) ein Sport ist, aber für mich ist es __________ (3). Denn man muss sehr lange üben und kann das auch nicht in einem Verein trainieren wie normale Sportarten.

Natalie, 15

Ich kann ziemlich gut __________ (4). Das macht mir echt Spaß. Gerade mache ich einen __________ (5) und lerne Comics zu zeichnen. Das ist Kunst und echt schwer. Es gelingt mir noch nicht, dass meine Figuren in den verschiedenen Bildern gleich aussehen. Es ist viel Arbeit und dauert so lange, einen __________ (6) zu zeichnen.

Zeno, 16

__________ (7) ist Kunst. Ich spiele schon lange __________ (8), seit einem Jahr bin ich in einer Band. Wir spielen bekannte __________ (9), aber wir haben auch ein paar eigene Lieder. Ein Freund und ich, wir __________ (10) die Texte für unsere Songs. Lieder sind wie __________ (11) und die sind ja auch Kunst.

2 a Ergänze die Positionen an den passenden Stellen.

▶KB2

~~der Hintergrund~~ ✦ rechts ✦ die Mitte ✦ der Vordergrund ✦ links

_______________ (1)

_______________ (5)

b Ein Bild beschreiben – Sieh das Bild im Kursbuch, Kapitel 12, Aufgabe 2, an. Was passt? Ergänze die Beschreibung.

geht eine Frau in einem rosa Kleid ✦ viele bunte Häuser ✦ ~~eine Straße mit vielen Menschen~~ ✦ geht ein Mädchen mit einem Rucksack ✦ ist eine Frau, die mehrere Taschen trägt ✦ geht eine Frau mit einem Fahrrad

Das Bild zeigt eine Straße mit vielen Menschen (1). Im Vordergrund _______________ (2). In der Mitte _______________ (3). Im Hintergrund sieht man _______________ (4). Vorne links _______________ (5). Vorne rechts _______________ (6).

c Such dir ein Bild und beschreibe es. Die Satzanfänge in b helfen. Schreib ins Heft.

Das Bild zeigt ...

3 a Alles Quatsch – Korrigiere die Sätze.

▶KB3

A

Unser Lehrer benimmt sich so, als ob er super ~~schlafen würde~~

spielen könnte

B

Die Äffin Lolita sieht so aus, als ob sie verliebt wäre.

____

C

Der Jugendliche tut so, als ob er spielen könnte.

____

D

Die Schauspielerin tut so, als ob sie Angst hätte.

____

b ***Als ob*** **– Ergänze die Sätze.**

1. Das Bild sieht so aus, als ob es ein Foto wäre. (Foto sein)
2. Draußen ist es so dunkel, ______ (es Nacht sein)
3. Wenn mein Bruder mit mir spielen will, tue ich so, ______ (ich schlafen)
4. Eine Klassenkameradin benimmt sich manchmal so, ______ (sie alles besser können)
5. Wenn ich zu Hause helfen soll, tue ich oft so, ______ (ich für die Schule lernen müssen)

4

▶KB4

a ***Je … desto*** **– Was passt? Verbinde.**

1. Je mehr Bücher ich lesen muss, desto
2. Je weniger ich schlafe, desto
3. Je öfter ich jogge, desto
4. Je mehr ich Klavier übe, desto

A mehr Kilometer schaffe ich.
B besser spiele ich.
C weniger mag ich das Lesen.
D müder bin ich am nächsten Tag.

b Ordne und schreib die Sätze mit ***je … desto.***

1. Je – eine Serie – ist – spannender / , lieber – desto – wir – sie – sehen
   Je spannender eine Serie ist, desto ______
2. mehr Geld – ausgebe – ich – Je / , weniger – ich – habe – desto
   ______
3. du – mehr – Je – übst /, desto – deine Porträts – besser – werden
   ______
4. berühmter – der Künstler – Je – ist / , sind – desto – teurer – seine Bilder
   ______
5. Je – eine Band – bekannter – ist / , desto – beliebter – ihre Konzerte – sind
   ______

c Formuliere Sätze mit ***je … desto.***

ich	viel für die Schule lernen	gute Noten bekommen
du	oft Sport machen	fit werden
wir	viel Stress haben	wenig unternehmen können
die Jugendlichen	lange abends ausgehen	spät aufstehen
ihr	lange üben	gut Klavier spielen

Je mehr ich für die Schule lerne, desto bessere Noten bekomme ich.

______

______

______

______

5 a Lies die Buchbeschreibung. In welcher Reihenfolge beantwortet sie die Fragen?

▶KB5

„Nach vorn" ist ein österreichischer Jugendroman aus dem Jahr 2018. Er erzählt die Geschichte der 17-jährigen Helene.
Nach einer langen, sehr schweren Krankheit versucht die junge Heldin zuerst ihr altes Leben wiederzufinden. Aber das ist gar nicht so einfach. Helene möchte zurück in den Alltag, weiß aber nicht, wie. Sie schaut nach vorn und kann doch nicht einfach vergessen, was passiert ist. Zu viel hat sich durch die Krankheit verändert.
Da sind die neue Klasse und der Schulabschluss. Die Eltern sind glücklich, dass die Tochter wieder versucht, ein normales Leben zu führen, und erlauben ihr einfach alles. Aber das möchte Helene gar nicht. Mit vielen alten Freunden versteht sie sich nicht mehr, neue kommen hinzu. Da ist zuerst Marc, mit dem sie eine Beziehung beginnt, dann die ältere Mascha, die ihr guttut, weil sie so unkompliziert und anders ist.
Der Roman handelt davon, wie die 17-Jährige nach neuen Zielen, nach ihren persönlichen Grenzen, vor allem nach sich selbst und ihrem Weg sucht. Wer ist sie? Wer möchte sie sein und wohin möchte sie gehen? Die Autorin Elisabeth Etz gibt aber keine fertigen Antworten auf diese Fragen. Sie bleiben am Ende des Buches eigentlich offen. Im Zentrum des Romans steht die Suche nach einem Neuanfang, nach Glück, nach dem Leben selbst.

____ Wer hat das Buch geschrieben?
____ Wer ist die Hauptfigur?
__1__ Wie heißt das Buch?
____ Was passiert im Buch?
____ Was sind die zentralen Themen?
____ Wann wurde das Buch geschrieben?

b Über Literatur sprechen – Ergänze.

1. Der T__ __ __ __ des R__ __a__ __ ist …
2. Die Au__ __ __ __ __ des Buches he__ __ __ …
3. Der H__ __ __ der G__sc__ __c__ __ __ i__ __ …
4. Der Roman h__ __ __ __ __t von …
5. In dem B__ __ __ g__ __ __ es u__ …

c Beschreibe ein Jugendbuch, das du kennst, mit den Sätzen aus b. Schreib ins Heft.

Titel, Autor(in), Hauptfiguren, Thema/Handlung

6 a Kunst in der Schule – Ergänze die Aussagen.

▶KB8

Die Skulpturen sind zwar schön geworden ✦ Die Figuren sehen zwar leicht aus ✦ aber nicht wie die Modelle ✦ aber bei der Aufführung waren wir richtig gut

Ich habe den Akrobatikkurs gewählt. Aber ich war enttäuscht. ______________________ ______________ (1), sind aber schwer. *Siva, 8c*

Im Band-Projekt haben wir aktuelle Songs gespielt. Unsere Gruppe musste zwar viel proben, ______________ ______________________ (3). *Jonas, 10a*

In meinem Kurs haben wir mit Stein gearbeitet. ______________________ ______________ (2), aber die Arbeit an den Maschinen war anstrengend. *Jessy, 9e*

Porträts zeichnen wollte ich schon immer. Meine Menschen sehen zwar gut aus, ______________________ ______________ (4). Trotzdem bin ich stolz. *Hanna, 9b*

b Einschränkungen – Verbinde die Sätze mit *zwar ... aber*.

1. Milla übt viel. Sie kann nicht so gut Gitarre spielen.
2. Skaten ist schwierig. Es ist keine Kunst.
3. Ich mag Theater. Ich gehe lieber ins Kino.
4. Sina singt toll. Sie möchte nicht in den Schulchor gehen.
5. Linus gefällt Akrobatik. Er hat sich für den Zeichenkurs entschieden.
6. Felix und Henrick haben wenig Geld. Sie wollen in das teure Konzert gehen.

> Milla übt zwar viel, aber sie kann nicht so gut Gitarre spielen.

c Du und Kunst – Schreib Sätze mit *zwar ... aber* über dich ins Heft.

> Ich kann zwar (nicht so) gut..., aber ich ... Ich ...(nicht) gerne, ... Ich mag/hasse ...

7

▶KB10

a Selbst machen oder machen lassen – Was passt? Kreuze an.

A

Das Mädchen ☐ schminkt sich. ☐ lässt sich schminken.

B

Der Junge ☐ fotografiert sich. ☐ lässt sich fotografieren.

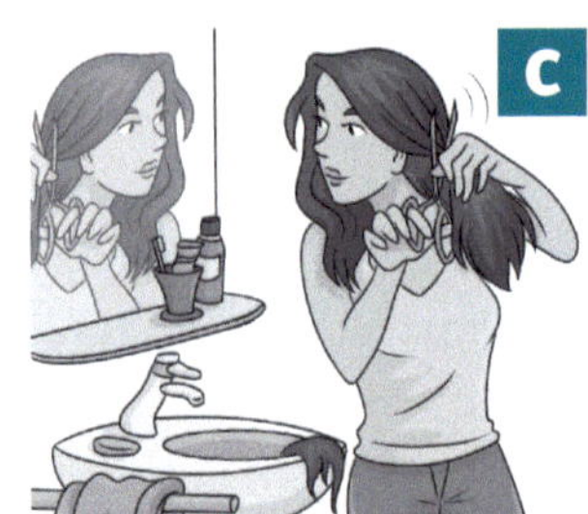
C

Die Frau ☐ schneidet sich die Haare. ☐ lässt sich die Haare schneiden.

D

Das Kind ☐ kauft sich ein Eis. ☐ lässt sich ein Eis kaufen.

b Ordne und schreib die Sätze.

1. wir – Beim Umzug – die Möbel – transportieren – lassen
   Beim Umzug lassen wir ...
2. Ihr – euch – immer – lassen – helfen
   ____
3. lassen – mich – ich – Manchmal – zur Schule – fahren
   ____
4. Du – lassen – heute – dir – schneiden – die Haare
   ____
5. die Jugendlichen – sich – eine Pizza – lassen – liefern – Am Abend
   ____

c Was lässt du oft, nur manchmal oder nie machen? Warum? Schreib Sätze ins Heft.

Haare schneiden ✦ Pizza liefern ✦ zur Schule fahren ✦ Tests unterschreiben ✦ Fotos machen ✦ bei den Hausaufgaben helfen ✦ zum Kaffee/Eis/ ... einladen ...

> Ich lasse mich nie von meinen Eltern zur Schule fahren, weil ich immer den Bus nehme.

Lösungen

L

Wiederholungskapitel

1a 2. gearbeitet, 3. organisiert, 4. geschrieben, 5. gebacken, 6. geübt, 7. gefeiert, 8. gegessen

1b A 2. bin, 3. haben; B 1.Habt, 2. ist, 3. bin; C 1. bist, 2. Ist, 3. ist

1c 2. Die AG hat mit einem Fußballspiel begonnen.
3. Max hat einen neuen Trick versucht.
4. Anna hat drei Tore vorbereitet.
5. Unser Team hat das Spiel gewonnen.

2 2. bereitet sich … vor 3. freue mich; 4. dich … ausruhen

3 2. durften/konnten, 3. wollte, 4. wollte, 5. durfte, 6. mussten/sollten, 7. Durftet/Konntet

4a 2. Leo ist jünger als Kim. 3. Marie ist kleiner als Jenny. 4. Lars ist größer als Lukas.

4b Beispiel: Karim läuft am schnellsten. Charlotte singt am schönsten. Marina ist am besten in Mathe.

5 A 2. könnte, 3. könntest, 4. könnte, B 1. hättest, 2. hätte, 3. hätten

6 1. weil, 2. denn, 3. denn, 4. weil

7a 2. Adrian findet es gut, dass er zum Geburtstag Konzerttickets bekommt. 3. Martha will zum See fahren, wenn die Sonne scheint. 4. Leon kann nicht Fußball spielen, weil sein Fuß wehtut. 5. Wenn Pia gute Noten hat, darf sie zu einem Festival fahren.

7b eigene Lösungen

8a 2. liegen unter, 3. steht auf, 4. liegt auf, 5. steht neben, 6. steht auf

8b 2. Ins, 3. in die, 4. in den, 5. auf den, 6. an die

9 2. Morgen schreiben wir einen Test, deshalb lerne ich mit Mia. 3. Am Samstag hat Sinan Geburtstag, deshalb feiert er eine Party. 4. Paula muss früh aufstehen, trotzdem geht sie erst spät ins Bett.

10a 2. Er hat sich leider nicht gut auf den Test vorbereitet. 3. Denn er interessiert sich gar nicht für dieses Fach. 4. Das nächste Mal verabredet er sich mit einem Freund oder einer Freundin. 5. Sie können gemeinsam lernen und über die Themen für den Test sprechen.

10b 2. dieses Wochenende, 3. einer Freundin, 4. meinem Vater, 5. ihm, 6. meine Wünsche, 7. meiner Oma

11a 1. wie, 2. wer, 3. wo, ob, 4. ob, wann

11b Musterlösungen: Ich bin nicht sicher, ob wir heute Kletter-AG haben. Können Sie mir sagen, wann der Film anfängt? Erklärst du mir bitte, wo das Museum ist? Weißt du, was die Tickets kosten? Ich bin nicht sicher, wie spät es ist.

Kapitel 1

1a 1. Sport, 2. Stil, 3. Mode, 4. Brille, 5. Schmuck, 6. Frisur, 7. Muskeln, 8. Figur; Lösungswort: Piercing

1b 1. der Sport; 2. der Stil, die Stile; 3. die Mode, die Moden; 4. die Brille, die Brillen; 5. der Schmuck; 6. die Frisur, die Frisuren; 7. die Muskeln (der Muskel); 8. die Figur; Lösungswort: das Piercing, die Piercings

1c 2. elegant, 3. altmodisch, 4. sportlich, 5. modern, 6. schick

1d Musterlösung: Das Mädchen trägt eine schwarze Mütze und eine Sonnenbrille. Außerdem trägt sie eine schwarze Jacke und ein weißes T-Shirt, eine Hose und helle Schuhe. Sie sieht hübsch und cool aus. Ihr Stil ist sportlich. Ich finde ihre Sonnenbrille toll und die Schuhe hätte ich auch gern.

2a 1. waschen, 2. schminken, 3. kämmen, 4. rasieren, 5. umziehen 6. färben, 7. schneiden, 8. putzen

2b die Bürste, die Zahnbürste, das Parfüm, die Zahnpasta, der Kamm

3a Zieh dich um! Du schminkst dich immer. Ich schneide mir die Haare. Putzt du dir die Zähne? Ich kämme mich nie. Ich wasche mir die Hände.

3b Akkusativ: Du schminkst dich immer. Ich kämme mich nie. Dativ: Ich schneide mir die Haare. Putzt du dir die Zähne? Ich wasche mir die Hände.

3c 2. sich, dich; 3. dir; 4. mich; 5. uns, mir; 6. sich, sich

4a 1. C; 2. A; 3. C; 4. B; 5. A; 6. B

4b

Subjekt	**Verb**	***daher, darum …***	
Ich	war	deswegen	öfter traurig.
daher, darum, …	**Verb**	**Subjekt**	
Deshalb	muss	man	nicht so viele Nachrichten schreiben…
Darum	bin	ich	jetzt nicht mehr bei Instagram.

Lösungen

4c 1. …, darum sieht er gern Fitnessvideos auf Youtube.
2. …, deswegen geht sie oft einkaufen.
3. …, deshalb rasiert er sich nicht mehr.
4. …, daher liest sie gern Modeblogs.
5. …, darum schneidet sie sich die Haare selbst.

5a 2. Eitelkeit, 3. Wohnung, 4. Entschuldigung, 5. Krankheit, 6. Einladung, 7. Kleidung, 8. Schönheit, 9. Erfahrung, 10. Ahnung

6a 1. darum, 2. denn, 3. da, 4. darum, 5. denn

6a 2. A; 3. E; 4. F; 5. B; 6. C

7a 2. obwohl, 3. obwohl, 4. obwohl, 5. weil, 6. obwohl

7b 1. Maren färbt sich die Haare, obwohl ihre Freundin Anne das blöd findet. 2. Benno kauft neue Kleidung, weil er auf der Party gut aussehen will. 3. Greta postet ein Foto von ihrer Freundin, obwohl sie ihre Freundin nicht gefragt hat. 4. Niko und Jana machen viele Selfies zusammen, weil sie verliebt sind.

7c Musterlösung: 1. …, weil wir ins Theater gehen.
2. …, obwohl ich genug Kleidung im Schrank habe.
3. …, obwohl du viel Pizza und Pommes isst.
4. …, weil mein Handy kaputt ist.

Kapitel 2

1a 1. das Handy, die Handys, / das Smartphone, die Smartphones, 2. die Zeitung, die Zeitungen, 3. das Buch, die Bücher, 4. das Radio, die Radios, 5. der Fernseher, die Fernseher; 6. der Laptop, die Laptops

1b Musterlösung: 2. eine Fitness-App, 3. am Abend, 4. den Blog von Fabiana, 5. Riverdale, 6. viel Werbung, 7. das Smartphone, 8. mit dem Hund spazieren gehe, 9. drei Stunden

2 2. ~~stehen~~, sehen; 3. ~~tragen~~, benutzen; 4. ~~schwimmen~~, lesen; 5. ~~mitbringen~~, schreiben; 6. ~~lesen~~, anklicken; 7. ~~herunterfahren~~, recherchieren

3a 1. Nils, 2. Anna, 3. Oskar

3b 1. Ich finde nicht, dass man Regeln braucht.
2. Regeln sind unnötig, denn ich mache selbst das Richtige. 3. Ich bin der Meinung, dass Regeln für alle gleich sein müssen. 4. Ich finde es richtig, dass wir Regeln aufgestellt haben. 5. Viele haben Stress, weil sie schnell antworten möchten.

3c Musterlösung: siehe 3a

4 97 % fast alle, 68 % viele, 48 % fast die Hälfte, 36 % manche, 6 % wenige

5 1. … , weil sie so spannend ist. 2. Bücher lese ich am liebsten abends im Bett, weil ich das gemütlich finde. 3. Wenn ich Informationen recherchieren will, benutze ich meistens meinen Laptop.
4. Für praktische Tipps finde ich Youtube sehr gut, denn es gibt dort coole Videos. 5. Die Sängerin „Eule" mag ich sehr, weil sie eine tolle Stimme hat.

6a 2 D, 3 A, 4 C

2. kleinen, schwarze, 3. coole, 4. neue,
A coole, interessanten, B kleine, alte, C tollen,
D schöne, alten

6b 1. schwarzes, 2. dunklen, 3. hohe, 4. teuren, 5. moderne, 6. neuen, 7. coolen, 8. alten, 9. großen, 10. kleinen

7a

Grundform	Komparativ	Superlativ
gut	besser	am besten
schlecht	schlechter	am schlechtesten
viel	mehr	am meisten
wenig	weniger	am wenigsten
jung	jünger	am jüngsten
alt	älter	am ältesten
billig	billiger	am billigsten
teuer	teurer	am teuersten

7b 2. den tollsten Song, einen tolleren Song,
3. die beste Band, eine bessere Band,
4. das coolste Video, ein cooleres Video,
5. die jüngsten Fans, jüngere Fans

7c Musterlösung: siehe Beispiel.

8a A 2. Speicher, 3. Modell, 4. Zustand, 5. Preis,
B 1. Schülerin, 2. Job, 3. Kindern, 4. Menschen,
C 1. Video, 2. Songs, 3. Band, 4. Sängerinnen

8b

Nom.	günstiger	nett**e**	cooles	tolle
Akk.	günstig**en**	nett**e**	cool**es**	toll**e**
Dat.	günstig**em**	nett**er**	coolem	toll**en**

8c Musterlösung: Suche freundliche und flexible Nachhilfelehrerin für Mathe!

Kapitel 3

1a A 2. gemeinsam, 3. Vorspeise, 4. Hauptspeise, 5. Packungen, 6. Dosen, 7. Zutaten, 8. salzig; B 1. Mahlzeit, 2. Honig, 3. Dessert, 4. ernähren, 5. bitter, 6. Essig

2a Das ist die Klasse, die den anderen das Land Armenien vorstellt. Naira ist das Mädchen, das seit sechs Jahren in Deutschland lebt. Das sind die Lehrerinnen, die die Idee für das Fest unterstützen.

2b

Relativpronomen im Nominativ			
der Junge	das Mädchen	die Klasse	die Lehrerinnen (Pl.)
der	das	die	die

2c 2. die, D; 3. das, E; 4. der, A; 5. die, B

2d 2. …, die bei allen Schülern beliebt sind.
3. …, das allen Schülern und Lehrern Spaß macht.
4. …, das immer im Dezember stattfindet.
5. …, die groß genug für das Fest ist.

2e 2. Der Hausmeister, der die kaputten Lampen repariert, ist immer freundlich. 3. Ray, der erst seit acht Wochen in Deutschland ist, kommt aus Ghana. 4. Die Fotos vom Schulfest, die allen gut gefallen, hängen jetzt in der Pausenhalle. 5. Das neue Mädchen, das auf dem Fest ein Lied gesungen hat, ist nun sehr bekannt.

3a 2. den, 3. der, 4. die, 5. die, 6. die, 7. das, 8. der, 9. den

3b 2. …, die wir normalerweise gemeinsam essen.
3. …, den ich am liebsten esse.
4. …, die ich für mein Lieblingsgericht brauche.
5. …, den wir aus dem Garten geholt haben.

3a Musterlösung: 1. Kim ist das Mädchen, das gerne Fußball spielt und Mathe mag. 2. Marie und Kim sind Freundinnen, die in die gleiche Klasse und in den gleichen Fußball-Club gehen. 3. Leo ist Kims Bruder, der jünger ist und sich manchmal mit Kim streitet. 4. Henri ist der Junge, der cool ist und auch in Kims Klasse geht.

4a 2. das Hackfleisch, 3. der Pfeffer, 4. die Paprika, 5. der Mais, 6. die Gewürze, 7. die Margarine, 8. die Zwiebel

4b b Liter, c Eier, d 2, e Gramm, f Salz, g Löffel

4c 2. A, 3. H, 4. J, 5. C, 6. F, 7. E, 8. I, 9. G, 10. B

5a Vorschlag 1: B, D; Vorschlag 2: C, F; Vorschlag 3: A, E

5b Musterlösung: Vorschlag 1 finde ich nicht so gut, weil Glasflaschen auch gefährlich sein können. Außerdem sind sie sehr schwer. Wir müssen schon so viele schwere Bücher tragen. Vorschlag 2 finde ich nicht schlecht, aber sicher gibt es auch Streit, weil alle lieber ein Brötchen haben wollen als eine Banane. Vorschlag 3 finde ich sehr gut. …

6a 1. irgendwie, 2. irgendwo, 3. Irgendwas, 4. irgendwann, 5. irgendwer, 6. irgendein

6b 1. irgendeinen, 2. irgendeine, 3. irgendeinem, 4. irgendein, 5. irgendeiner

7a 2. sollten, 3. solltest, 4. sollten, 5. sollte

7b 1. Ja, stimmt. 2. Genau. Gute Idee! 3. Na gut. 4. Du hast recht. 5. Finde ich nicht. 6. Keine Lust. 7. Das funktioniert doch nicht.

7c Musterlösung: 1. Du hast recht. / Genau. Gute Idee! 2. Das finde ich nicht. 3. Na gut. 4. Das funktioniert doch nicht. 5. Du hast recht.

Kapitel 4

1a waagerecht: 3 A–H: glücklich; 6 A–G: genervt; 10 A–F: nervös: 12 A–K: erleichtert; 14 A–G: traurig; senkrecht: C 2–7: wütend; G 5–9: stolz; I 7–14: verliebt; K 3–12: enttäuscht
☺ glücklich, erleichtert, stolz, verliebt;
☹ wütend, genervt, nervös, traurig, enttäuscht

1b 1. glücklich, 2. verliebt, 3. wütend, 4. enttäuscht, 5. stolz, 6. genervt

2a 1. r, 2. r, 3. r, 4. f, 5. f, 6. f, 7. r, 8. r

2c 2. zueinander, 3. miteinander, 4. voreinander, 5. voneinander, 6. füreinander, 7. aneinander

3a 1. dieselben Sachen, 2. denselben Humor, 3. denselben Freunden, 4. demselben Sportcamp, 5. dasselbe Modell, 6. dieselbe Idee

3b

Nominativ	Akkusativ	Dativ
derselbe	denselben	demselben
dasselbe	dasselbe	demselben
dieselbe	dieselbe	derselben
dieselben	dieselben	denselben

3c A 2. denselben, B 1. demselben, 2. denselben, C 1. demselben, 2. derselben, 3. derselbe

4 A ~~aufpassen~~ lächeln, B ~~machen~~ aufpassen, C ~~stören~~ füttern, D ~~füttern~~ machen, E ~~lächeln~~ stören

5a 2. C, 3. A, 4. E, 5. B, 6. H, 7. D, 8. F

Lösungen

5b 1. Oh, sorry das war nicht mit Absicht.
2. Schrei mich nicht so an. Was soll das?
3. Ist doch nichts passiert. Ich finde, du übertreibst.
4. Oh. Verzeihung. Das wollte ich echt nicht.
5. Na und? Ist doch nicht so schlimm. Chill mal.

6 1. freundlich, 2. Rat, 3. gemein, 4. Ausrede, 5. verletzt, 6. verzeihen

7a e 1., m 2., e 3., m 4., m 5.

7b einmal: als, mehrmals: wenn

7c 2. wenn, 3. wenn, 4. Als, 5. als, 6. wenn, 7. wenn, 8. Als

7d 1. Wenn Karim mit seinen Eltern im Urlaub war, musste er jedes Mal wandern. 2. Als Linda einmal Streit mit ihrer besten Freundin hatte, war sie sehr unglücklich. 3. Wenn ich Probleme in Chemie und Physik hatte, habe ich immer meinen Onkel gefragt. 4. Als Markus 7 Jahre alt wurde, kam er in die Schule. Als Markus 7 Jahre alt geworden ist, ist er in die Schule gekommen. 5. Ich bin oft zu meinem Freund gegangen, wenn ich Ärger mit meinen Eltern hatte.

7e eigene Lösung

Kapitel 5

1a **Zug:** der Bahnsteig, die Bahnsteige; der Bahnhof, die Bahnhöfe; **Auto/Bus:** der Stau, die Staus; die Autobahn, die Autobahnen; die Straße, die Straßen; **Flugzeug:** der Flughafen, die Flughäfen, das/der Terminal, die Terminals; der Passagier, die Passagiere / die Passagierin, die Passagierinnen; **allgemein:** die Verspätung, die Verspätungen; die Abfahrt, die Abfahrten; der Schalter, die Schalter; der Kilometer, die Kilometer; **Übernachtung:** das Apartment, die Apartments; das Hotel, die Hotels; der/die Verwandte, die Verwandten; der Freund, die Freunde / die Freundin, die Freundinnen; die Jugendherberge, die Jugendherbergen; das Zelt, die Zelte; die Gastfamilie, die Gastfamilien

1b durchgestrichen: 2. entdecken, 3. schwimmen, 4. schicken, 5. sparen, 6. buchen, 7. spielen, 8. finden

1c 2. A, 3. F, 4. E, 5. I, 6. H, 7. B, 8. D, 9. G

1d Musterlösung: siehe c.

2 A 2. zurück, 3. anschnallen, 4. Geräte, 5. einschalten; B 1. aktuellen, 2. Bereich, 3. Baustelle, 4. überholen, 5. Fahrt; C 1. Untergeschoss, 2. Sonderangebote, 3. Restaurant, 4. Ausgang, 5. Eingang

3a 2. nach, 3. entlang, 4. um … herum, 5. auf, 6. entlang, 7. an, 8. um, 9. über

3b Musterlösung: … zur zweiten Kreuzung. Dort biegst du links in den Mühlweg ab und gehst links um die Ecke in die Bernburgerstraße. Dort befindet sich auf der linken Seite die Händel-Apotheke.

4a 2. mit dem Schiff, 3. mit der Straßenbahn, 4. per Anhalter, 5. mit dem Fahrrad, 6. zu Fuß, 7. mit dem Zug, 8. mit dem Boot, 9. mit dem Motorrad, 10. mit dem Flugzeug

4b A 3., B 4., C 2. D 1.

4c 1. A, C; 2. A, B; 3. A, D; 4. A, C

5a mögliche Lösungen: Ich möchte versuchen, nicht so viel Geld auszugeben. Es ist möglich, bei Freunden zu übernachten. Ich habe (keine) Zeit, an diesem Projekt teilzunehmen. Ich schlage vor, selbst einen Platz zum Schlafen zu suchen. Ich habe beschlossen, regelmäßig Sport zu machen. Es macht Spaß, ohne Eltern zu verreisen. Jetzt fange ich an, nur Deutsch zu sprechen.

5b 2. Es ist anstrengend, den ganzen Tag zu arbeiten. 3. Ich finde es toll, am Strand zu übernachten. 4. Ich möchte meine Eltern überreden, mir diese Ferien zu bezahlen. 5. Ich habe Lust, bei BreakOut mitzumachen. 6. Ich finde es schwierig, Verkehrsmittel ohne Geld zu nutzen. 7. Ich habe vergessen, ein Geschenk für die Gastfamilie zu kaufen. 8. Im Deutschunterricht ist es nicht erlaubt, Englisch zu sprechen.

6a 2. würdest, hättest, 3. würde, 4. hätte, würden, 5. Würdet, Hättet, 6. wären

6b

	haben	sein	würde-Form
ich	hätte	wäre	würde
du	hättest	wärst	würdest
er/es/sie	hätte	wäre	würde
wir	hätten	wären	würden
ihr	hättet	wärt	würdet
sie/Sie	hätten	wären	würden

6c 2. Wir wären gern auf einem Schiff. 3. Meine Eltern würden gern mit einem Schiff fahren. 4. Sophie wäre gern am Pool. 5. Sophie würde gern viel lesen. 6. Du hättest gern ein Eis. 7. Ich würde auch gern ein Eis essen.

7 2. Wenn ich im Zelt übernachten würde, würde ich schlecht schlafen. 3. Wenn ich mit meinen Eltern im Urlaub wäre, hätte ich weniger Spaß. 4. Wenn ich keinen Job hätte, würde ich kein Geld verdienen.

L

Kapitel 6

1 2. D, 3. A, 4. F, 5. B, 6. E

2a 2. Kim soll Henri den Roller leihen. 3. Sie soll ihn Lukas auch geben. 4. Henri soll ihr den Roller sofort zurückbringen. 5. Henri gibt ihn ihr zurück.

2b 1. dir, 2. es, 3. sie, 4. ihm, 5. dir

2c 1. Florian zeigt seinen Freunden sein neues E-Skateboard. 2. Seine Eltern haben ihm das E-Skateboard zum Geburtstag geschenkt. 3. Zuerst erklärt Florian es seinen Freunden. 4. Dann soll Florian es ihnen ausleihen. 5. Nach 15 Minuten geben seine Freunde es ihm zurück. 6. Florian empfiehlt ihnen auch so ein Skateboard.

2d 2. es ihm, 3. es ihr, 4. ihn euch, 5. sie ihnen, 6. sie ihm

3 waagerecht: 1 A–P: umweltfreundlich; 7 D–L: die Steckdose; 9 G–P: elektrisch; 10 C–M: die Ladestation; senkrecht: A 2–10: schädlich; B 1–5: mobil; F 1–10: die Tankstelle; K 3–8: die Abgase; M 5–10: das Benzin; O 2–8: die Energie

4 1. Echt? Das wusste ich nicht. 2. Wirklich? Das wundert mich. 3. Das ist neu für mich. 4. Das überrascht mich. 5. Das gibt's doch nicht!

5a 2. bewegen, 3. wohnen, 4. üben, 5. fühlen, 6. einsetzen, 7. befehlen

5b 1. r, 2. r, 3. f, 4. f, 5. r, 6. r

5c eigene Lösung

6a 1. dem, 2. der, 3. dem, 4. die, 5. der, 6. denen

6b

	der	das	die	die (Pl.)
Nominativ	der	das	die	die
Akkusativ	den	das	die	die
Dativ	dem	dem	der	denen

7a 1. C, 2. A, 3. D, 4. B

7b 1. A: Präp. + Dat.; B: Präp. + Akk.; C: Präp. + Dat. 2. A: Präp. + Dat.; B: Präp. + Akk.; C: Präp. + Dat.

7c 1. B: Das ist mein Roboter Movi, für den ich viel Geld ausgegeben habe. C: Das ist mein Roboter Movi, vor dem meine kleine Schwester Angst hat. 2. A: Dort ist meine Schule, in der ich jeden Tag interessante Sachen lerne. B: Dort ist meine Schule, über die ich mich aber auch oft ärgere. C: Dort ist meine Schule, in der ich viele neue Freunde kennengelernt habe.

7d Musterlösung: 2. Ich möchte in eine Schule gehen, in der es Roboter als Lehrer gibt. 3. Ich hätte gern eine Maschine, aus der ich immer Limo und Cola bekommen kann. 4. Ich möchte einen Laptop kaufen, für den ich keinen Strom brauche. 5. Ich hätte gern ein Roboterhaustier, um das ich mich nicht kümmern muss.

8a 2. des, 3. des, 4. der, 5. der

8b 2. der Präsentation, 3. einer Prüfung, 4. eines Konzerts, 5. der Tiere

9 1. A, F; 2. C, I; 3. J, M; 4. D, E, K, L; 5. B, G, H

Kapitel 7

1a A 2. Empfehlung, 3.voraussichtlich, 4. Voraussetzung, 5. Abschluss; B 1. Grundschule, 2. gelangweilt, 3. Kurs, 4. Abitur, 5. Ausbildung

1b 1. Jan, 2. Maxi, 3. Maxi

1c 2. Mittlere Reife, 3. Hauptschulabschluss/Mittlere Reife/Abitur, 4. Abitur, 5. Bachelor/Master/Diplom

2 2. innerhalb, 3. innerhalb, 4. außerhalb,

der Tag	das Jahr	die Woche	die Klassenräume
des Tages	des Jahres	der Woche	der Klassenräume
eines Tages	eines Jahres	einer Woche	–

3a 1. merken, 2. Druck, 3. wach, 4. konzentrieren, 5. individuell, 6. Vorbereitung, 7. vermeiden, 8. Spaziergang; Lösungswort: Erholung

3b 2. des Unterrichts, 3. der Pause, 4. der Ferien

4a 2. D, 3. A, 4. G, 5. B, 6. E, 7. C

4b Wo?, Wer kommt?, Essen?, Geschenk?

4c 1. b, 2. a, 3. a, 4. b

4d Musterlösung: ● Du, Zoe ist doch im Krankenhaus, wollen wir sie besuchen?
○ Ja, das ist eine gute Idee. Wann hast du Zeit?
● Morgen nach der Schule?
○ Ja, das passt. Gehen nur wir zwei, oder sollen wir noch andere fragen?
● Wir könnten Leo und Ben fragen.
○ Einverstanden. Wie kommen wir da hin?
● Wir können mit den Fahrrädern fahren, es ist nicht weit.
○ Von mir aus.
● Was sollen wir Zoe mitbringen?
○ Vielleicht Schokolade? Sie liebt Schokolade!
● So machen wir es!

Lösungen

5a 2. ein Viertel, 3. die Hälfte, 4. ein Fünftel, 5. ein Drittel, 6. drei Viertel

5b In der Grafik geht es um die Frage, was Jugendliche nach der Schule machen möchten. Die meisten Jugendlichen, über ein Drittel, haben noch keinen konkreten Plan. Fast ein Viertel möchte nach der Schule ins Ausland gehen. Nur sehr wenige Jugendliche, knapp zehn Prozent, möchten eine Ausbildung anfangen. Und nur 1,24 Prozent der Jugendlichen sagen, dass sie sich auf eine Arbeitsstelle bewerben möchten.

6a 2. wird, 3. werden, 4. werden, 5. werdet, 6. wirst, 7. werde, 8. werden

6b 1. die Ausbildung, 2. die Arbeitsstelle 3. die Universität, 4. die Entspannung

6c 1. D, 2. A, 3. C, 4. B

6d Musterlösung: In 10 Jahren werde ich wahrscheinlich auf dem Land leben. Ich hoffe, dass ich dann als Reitlehrer arbeite, weil ich Pferde liebe und gern draußen in der Natur bin. Vielleicht habe ich auch eine Familie mit ein oder zwei Kindern. Mein Hobby wird sicher immer noch Schachspielen sein, das mache ich dann vielleicht zweimal die Woche abends.

Kapitel 8

1 2. begeistert, 3. global, 4. Asyl, 5. Bundekanzlerin/ Bundeskanzlerin, 6. Sitz, 7. das Herz

2a 1. r, 2. f., 3. f, 4. r, 5. f, 6. r

2b 2. finden, 3. bleiben, 4. sehen, 5. werden, 6. beginnen, 7. bekommen, 8. teilnehmen, 9. aufgeben, 10. fallen

2c

	sein	haben	Modalverben	regelmäßige Verben	unregelmäßige Verben
ich	war	hatte	musste	wohnte	ging
du	warst	hattest	musstest	wohntest	gingst
er/es/sie	war	hatte	musste	wohnte	ging
wir	waren	hatten	mussten	wohnten	gingen
ihr	wart	hattet	musstet	wohntet	gingt
sie/Sie	waren	hatten	mussten	wohnten	gingen

3a 2. der Flohmarkt, die Flohmärkte; 3. das Schwimmbad, die Schwimmbäder; 4. das Museum, die Museen; 5. die Kirche, die Kirchen; 6. die Fußgängerzone, die Fußgängerzonen; 7. das Restaurant, die Restaurants; 8, der Tierpark, die Tierparks; 9. der Kiosk, die Kioske; 10. das Theater, die Theater; 11. die Bibliothek, die Bibliotheken; 12. die Jugendherberge, die Jugendherbergen

3b Musterlösung: Ich gehe gern ins Schwimmbad, weil ich Sport mag. Ich gehe gern in Museen, weil ich Kunst mag. Ich gehe gerne in Kirchen, weil es dort so schön ruhig ist. Ich gehe gern ins Restaurant, weil ich nicht gern selbst koche. Ich gehe gern in die Bibliothek, weil ich Bücher liebe.

3c 2. Tour, 3. Türme, 4. Sehenswürdigkeiten, 5. Aussicht, 6. bekannt, 7. wohlfühlen, 8. Denkmäler, 9. erleben, 10. Gebäude

3d 2. …, wo die Regierung von München ihren Sitz hat.
3. …, wo man eine gute Aussicht hat.
4. …, wo die Aussicht noch besser ist.
5. …, wo man Lebensmittel aus der ganzen Welt findet. 6. …, wo man teuer einkaufen kann.

4 2. C, 3. F, 4. D, 5. B, 6. E

5 2. geschehen, 3. ab und zu, 4. ideal, 5. erwachsen, 6. sich trennen, 7. die Umweltverschmutzung, 8. zurückkommen, 9. eine Enttäuschung, 10. die Scheidung, 11. sich anstrengen, 12. stürzen

6a A 2. war, 3. hatte, 4. war, 5. hatte; B 1. hatte, 2. hatte, 3. war, 4. hatte, 5. war, 6. hatte

6b 2. …, nachdem ich keine Lust mehr hatte/gehabt hatte. 3. Nachdem meine Eltern sich getrennt hatten, … 4. Nachdem ich gestürzt war, … 5. Nachdem sich die Katastrophe in Japan ereignet hatte, … 6. Nachdem ich mein Abitur gemacht hatte, … 7. Nachdem ich lange sehr viel im Netz gesurft hatte/war, … 8. Nachdem ich beim Chatten Nora kennengelernt hatte, …

6c

	Plusquamperfekt	Perfekt	Präteritum	Präsens	Futur I
haben	hatte gehabt	hat gehabt*	hatte	hat	wird haben
sein	war gewesen	ist gewesen*	war	ist	wird sein
leben	hatte gelebt	hat gelebt	lebte	lebt	wird leben
fahren	war gefahren	ist gefahren	fuhr	fährt	wird fahren

7a 2. E, 3. A, 4. C, 5. F, 6. B

7b 2. Nachdem, 3. während, 4. bevor, 5. nachdem, 6. während

8 Musterlösung: Als ich 15 Jahre alt war, also im Jahr 2020, ist etwas ganz Besonderes passiert: Ich habe mit meiner Volleyballmannschaft einen Wettbewerb gewonnen! Zuerst hatte Volleyball mir gar keinen Spaß gemacht, und ich bin nur ins

Training gegangen, weil meine beste Freundin dort war. Aber dann wurde ich immer besser. In den Sommerferien sind wir immer alle zusammen zwei Wochen in ein Trainingscamp gefahren und hatten so viel Spaß! Der Wettbewerb war echt schwer und wir mussten sehr kämpfen, aber zum Schluss haben wir die Meisterschaft gewonnen!

Kapitel 9

1a 1. Taschengeld, 2. Preis, 3. ausgeben, 4. Ferienjob, 5. teuer, 6. Konto; Lösungswort: sparen

1b folgende Verben passen nicht: helfen, unternehmen, kosten, treffen, arbeiten

1c 2. sparen, 3. Konto, 4. teuren; 5. Taschengeld, 6. überweisen, 7. verdiene, 8. kaufen

2 Reihenfolge: 2, 1, 6, 3, 4, 7, 5

3a 1. man braucht sie nur zu reparieren, 2. man braucht nichts mitzubringen, 3. man braucht nur zu fragen, 4. braucht man sich keine neuen Sachen zu kaufen

3b 2. brauchst du nur andere Mitglieder zu fragen, 3. brauchst du sie nur zu reparieren, 4. brauchst du kein Geld auszugeben, 5. brauchte man nur Dinge gegen wertvollere Dinge zu tauschen.

3c Musterlösungen: Wenn ich Geld verdienen will, brauche ich nur einen Job zu suchen. Wenn wir kaputte Sachen reparieren, brauchen wir keine neuen Dinge zu kaufen. Wenn ihr etwas Teures kaufen wollt, braucht ihr nur zu sparen. Wenn die Jugendlichen gute Noten bekommen wollen, brauchen sie nur öfter für die Schule zu lernen.

4a 2. denn, 3. ja, 4. mal, doch, 5. denn, doch

4b 2. D, 3. A, 4. C, 5. B

5a 2. die Bankkarte, 3. der Geldautomat, 4. der Pass, 5. das Formular, 6. das Bargeld

5b 1. B, 2. D, 3. A, 4. C

5c 2. Die Formulare werden unterschrieben. 3. Der Pass wird geprüft. 4. Das Konto wird eröffnet. 5. Die Bankkarten werden verschickt.

5d Musterlösung: In der Pause wird gechillt. Die Hausaufgaben werden kontrolliert. Fragen werden gestellt. Die Aufgaben werden gelöst.

6a

	Präsens	Präteritum	
Das Geld	wird	wurde	bezahlt.
Die Kunden	werden	wurden	beraten.

6b 2. wurde … erfunden, 3. wurde … bezahlt, 4. wurden … hergestellt, 5. wurden … eingeführt, 6. wurde … eröffnet, 7. wurde … benutzt

7a 1. die Quittung, 2. reklamieren, 3. zurückgeben, 4. tun das freiwillig.

7b 1. … kann man es reparieren. 2. … kann man es umtauschen. 3. … sollte er sein Geld sparen.

7c 1. Anstatt alles neu zu kaufen, kannst du Dinge leihen oder tauschen. 2. Du solltest arbeiten, statt deine Eltern um Geld zu bitten. 3. Statt am Wochenende zu chillen, solltest du öfter lernen.

7d Musterlösung: Anstatt viel auszugehen, solltest du lieber lernen. Anstatt viel Geld auszugeben, solltest du besser sparen. Statt den Bus zu nehmen, könntest du mit dem Rad fahren. Statt dich über das Loch in der Hose zu ärgern, könntest du die Hose reklamieren.

8 1. helfen, 2. zufrieden, 3. Problem, 4. kaputt, 5. Quittung, 6. umtauschen, 7. selbstverständlich

Kapitel 10

1a A 4; B 2; C 3; D 1

1b B Die Krankenschwester, C Die Flugbegleiterin/ Die Stewardess, D der Maler

1c waagerecht: 3 H–R: hilfsbereit, 5 E–N: aufmerksam, 6 i–Q: teamfähig, 7 D–M: ordentlich, 8 E–N: mitfühlend, 10 A–R: verantwortungsvoll; senkrecht: A 4–10: kreativ, C 1–8: flexibel, F 2–9: geduldig, O 1–7: gerecht

1d Musterlösung: Lehrer müssen zuverlässig und geduldig sein. Nicht alle Schüler verstehen alles sofort und ohne Probleme. Manche Schüler sind langsamer als andere. Außerdem ist es wichtig, dass sie immer gerecht sind. Wenn sie nicht gerecht sind, ärgern sich die Schüler über die Lehrer und mögen sie nicht. Dann sind die Schüler auch nicht so motiviert. Schüler müssen hilfsbereit, aufmerksam und ordentlich sein, denn Schule macht mehr Spaß, wenn sich die Schüler helfen und anderen Schülern und den Lehrern zuhören. Sie sollten auch ordentlich sein. Niemand mag Chaos in der Klasse.

2a Ein Praktikum ist eine gute Entscheidung, da es erste Erfahrungen im beruflichen Alltag bietet. Ein positiver Aspekt ist auch, dass gute Kontakte zur Firma und zu Kollegen später für den Beruf helfen. Noch ein Argument für ein Praktikum ist, dass es viele Herausforderungen gibt. Außerdem lernt man, wie Theorie und Praxis zusammen funktionieren.

2b 1. Alltag, Landwirtschaft, Labor; 2. Abteilungen, Besprechungen, Kenntnisse; 3. Bewerbungen, Lehrstelle

3a 2. als auch, 3. oder, 4. noch, 5. sondern auch, 6. als auch

3b 1. weder … noch, 2. sowohl … als auch, 3. Entweder … oder, 4. nicht nur … sondern auch, 5. weder … noch

3c Musterlösung: 2. Ich mache entweder eine Ausbildung zur Flugbegleiterin oder zur Malerin. 3. Ich möchte im Praktikum sowohl mit Kunden sprechen als auch neue Software kennenlernen. 4. Ich möchte weder draußen noch am Computer arbeiten.

4a 1. beziehen, helfen, aufstehen, arbeiten; 2. wissen, tragen; 3. servieren, helfen

4b Musterlösung: Ich habe meine Zweifel, ob man als Praktikant in der Bank viel über Wirtschaft wissen muss. Ich glaube nicht, dass man im Krankenhaus bei Untersuchungen helfen darf. Ich bin nicht sicher, ob man als Praktikant in der Bank einen Anzug tragen muss.

5a 1. Affen, 2. Elefanten, 3. Praktikant, 4. Herr, 5. Experte, 6. Affen, 7. Elefanten, 8. Löwen, 9. Bären, 10. Affen, 11. Praktikanten, 12. Herrn, 13. Löwen, 14. Löwe, 15. Herr, 16. Löwen, 17. Jungen

5b 1. r, 2. r, 3. f, 4. r, 5. r, 6. f, 7. f, 8. f

5c A Studenten; B Fotografen, Praktikanten, Herrn; C Bären, Affen

5d eigene Lösung

6a 6, 1, 2, 10, 4, 5, 9, 3, 7, 8

6b Musterlösung: Sehr geehrte Frau Schuhmann,
hiermit bewerbe ich mich um ein Praktikum in Ihrem Restaurant vom 12.5. bis 26.5. Im Moment besuche ich das Goethe-Gymnasium in Frankfurt. Ich gehe in die 9. Klasse. In meinem Praktikum möchte ich gerne Erfahrungen in einem Restaurant sammeln. Außerdem interessiere ich mich für die Arbeit mit Menschen und für das Zubereiten und Servieren von Essen und Trinken. Ich bin zuverlässig und pünktlich und ich kann gut mit Menschen umgehen.
Über eine Einladung zu einem Vorstellungsgespräch würde ich mich sehr freuen.
Mit freundlichen Grüßen
…

7a 2. E, 3. A, 4. C, 5. D

7b 2. … gechillt werden. 3. … alles geputzt werden. 4. … die Regale aufgeräumt werden. 5. … die Jacken aufgehängt werden.

8a 1. Sinan steht jeden Tag früh auf, seitdem er ein eigenes Pferd hat. 2. Mia fotografiert noch besser, seit sie ein Praktikum im Foto-Studio macht. 3. Florian spielt öfter Gitarre, seitdem er eine neue Gitarre hat. 4. Clara spielt noch lieber Tennis, seit eine neue Trainerin im Club ist. 5. Ole ist besser in der Schule, seitdem er Lernpläne macht.

8b 2. Nachdem, 3. Während, 4. bevor, 5. Nachdem, 6. Seit(dem)

Kapitel 11

1 1. Politiker, 2. Bürger, 3. Bundestag, 4. repräsentieren, 5. Bundesländer, 6. Ämter, 7. Hauptstadt, 8. wählen, 9. Gesetze; Lösungswort: Regierung

2 1. damit die Natur besser geschützt wird. 2. damit sie berufliche Erfahrungen sammeln. 3. damit sie ihre Freizeit sinnvoll nutzen und Bewegung haben. 4. damit sie in der Gesellschaft etwas bewegen.

3a 1. A, C, 2. B, D

3b 2. damit er anderen helfen kann. 3. um Erfahrungen zu sammeln. 4. damit Politiker mehr für die Umwelt tun. 5. um mit deutschen Freunden sprechen zu können. 6. um die Freizeit sinnvoll zu nutzen.

3c Musterlösungen: Ich lerne für die Schule, um gute Noten zu bekommen. Mein Freund ist Klassensprecher, um anderen zu helfen. Viele Jugendliche nehmen an Demonstrationen teil, damit die Politiker etwas verändern. Wir sammeln Müll, damit die Straßen sauber sind. Meine Freundin lernt Deutsch, um in Deutschland zu studieren. Ihr engagiert euch für andere, damit sie ein besseres Leben haben.

4a 3, 1, 5, 4, 2

5a

Präp.	Fragewort mit Präp.	Pronomen mit Präp.
an	Woran / An wen	daran / an ihn
über	Worüber / Über wen	darüber / über ihn
auf	Worauf / Auf wen	darauf / auf ihn
mit	Womit / Mit wem	damit / mit ihm
für	Wofür / Für wen	dafür / für ihn
um	Worum / Um wen	darum / um ihn
von	Wovon / Von wem	davon / von ihm

5b Musterlösung: Woran denkst du? Worum kümmerst du dich? Wofür engagierst du dich? Mit wem streitest du? Worüber denkst du nach? Worauf freust du dich? An wen erinnerst du dich? Über wen denkst du nach? Von wem träumst du?

5c Musterlösung: Ich denke an die Pause. Ich kümmere mich um die Aufgaben. Ich engagiere mich für die Umwelt. Ich streite mit meinen Geschwistern. Ich denke über die Aufgabe nach. Ich freue mich auf die Ferien. Ich erinnere mich an alle Gäste. Ich denke über meine beste Freundin nach. Ich träume von Anton.

5d 1. davon, Darüber, mit, für, darüber; 2. Woran, an, daran, auf, darauf; 3. worüber, über, Mit wem

6 richtig ist: 1. beraten, 2. planen, 3. diskutieren, 4. treffen, 5. besprechen

7a 2. D, 3. A, 4. B; 2. Die Klassenräume sind zu klein, sodass die Schüler nicht genug Platz haben. 3. Wir haben keine Mensa, sodass man nicht in der Schule zu Mittag essen kann. 4. Die Schule hat nur wenig Geld, sodass sie keine neuen Computer kaufen kann.

7b 1. Die Atmosphäre ist so gut, dass alle gern dort lernen. 2. An der Schule gibt es Streitschlichter, sodass Konflikte gut gelöst werden. 3. Die meisten Lehrer und Lehrerinnen sind nett, sodass wir selten Probleme mit ihnen haben. 4. Wir arbeiten oft mit digitalen Medien, sodass der Unterricht Spaß macht. 5. Es gibt so interessante AGs, dass viele die Angebote nutzen.

7c eigene Lösung

8a 2. D, 3. B, 4. E, 5. A

8b 1. überzeugt, 2. wichtig, 3. Politik, 4. wählen, 5. bewegen, 6. interessieren, 7. sicher, 8. Standpunkt, 9. kümmern, 10. Themen

8c eigene Lösung

Kapitel 12

1a A skaten, B tanzen, C fotografieren, D sprayen, E zeichnen

1b durchgestrichen: 2. Videos, 3. Fotos, 4. Songs

1c 2. Skaten, 3. Kunst, 4. zeichnen, 5. Kurs, 6. Comic, 7. Musik, 8. Gitarre, 9. Songs, 10. schreiben, 11. Gedichte

2a 1. links, 2. der Hintergrund, 3. die Mitte, 4. der Vordergrund, 5. rechts

2b 2. geht eine Frau mit einem Fahrrad, 3. ist eine Frau, die mehrere Taschen trägt, 4. viele bunte Häuser, 5. geht ein Mädchen mit einem Rucksack, 6. geht eine Frau in einem rosa Kleid

2c eigene Lösung

3a A ~~schlafen würde~~ spielen könnte, B ~~verliebt wäre~~ Angst hätte, C ~~spielen könnte~~ schlafen würde, D ~~Angst hätte~~ verliebt wäre

3b 2. als ob es Nacht wäre, 3. als ob ich schlafen würde, 4. als ob sie alles besser könnte, 5. als ob ich für die Schule lernen müsste

4a 2. D, 3. A, 4. B

4b 1. …, desto lieber sehen wir sie. 2. Je mehr Geld ich ausgebe, desto weniger habe ich. 3. Je mehr du übst, desto besser werden deine Porträts. 4. Je berühmter der Künstler ist, desto teurer sind seine Bilder. 5. Je bekannter eine Band ist, desto beliebter sind ihre Konzerte.

4c Musterlösung: Je mehr ich für die Schule lerne, desto bessere Noten bekomme ich. Je öfter du Sport machst, desto fitter wirst du. Je mehr Stress wir haben, desto weniger können wir unternehmen. Je länger die Jugendlichen abends ausgehen, desto später stehen sie auf. Je länger ihr übt, desto besser könnt ihr Klavier spielen.

5a 6, 3, 1, 4, 5, 2

5b 1. Der Titel des Romans ist …, 2. Die Autorin des Buches heißt …, 3. Der Held der Geschichte ist …, 4. Der Roman handelt von …, 5. In dem Buch geht es um …

5c eigene Lösung

6a 1. Die Figuren sehen zwar leicht aus, 2. Die Skulpturen sind zwar schön geworden, 3. aber bei der Aufführung waren wir richtig gut, 4. aber nicht wie die Modelle

6b 1. Milla übt zwar viel, aber sie kann nicht so gut Gitarre spielen. 2. Skaten ist zwar schwierig, aber es ist keine Kunst. 3. Ich mag zwar Theater, aber ich gehe lieber ins Kino. 4. Sina singt zwar toll, aber sie möchte nicht in den Schulchor gehen. 5. Linus gefällt zwar Akrobatik, aber er hat sich für den Zeichenkurs entschieden. 6. Felix und Henrick haben zwar wenig Geld, aber sie wollen in das teure Konzert gehen.

7a A lässt sich schminken, B fotografiert sich, C schneidet sich die Haare, D lässt sich ein Eis kaufen

7b 1. Beim Umzug lassen wir die Möbel transportieren. 2. Ihr lasst euch immer helfen. 3. Manchmal lasse ich mich zur Schule fahren. 4. Du lässt dir heute die Haare schneiden. 5. Am Abend lassen sich die Jugendlichen eine Pizza liefern.

7c eigene Lösung

Quellen

Auftragsfotos von Dieter Mayr, München.
Illustrationen von Andrea Naumann, Aachen.

Die Nummer vor der Quellenangabe gibt die Buchseite und hinter dem Punkt die Bildposition auf dieser Buchseite an. Fotos ohne Quellenangabe sind Auftragsfotos oder kommen auf einer früheren Seite bereits vor und sind dort mit allen Angaben erwähnt.

5.1 Shutterstock (Irina Levitskaya), New York; **5.2** Shutterstock (Designs Stock), New York; **7.1** Shutterstock (Eugenio Marongiu), New York; **8.1** Shutterstock (hurricanehank), New York; **8.2** Shutterstock (Look Studio), New York; **8.3** Shutterstock (Victoria Chudinova), New York; **8.4** Shutterstock (Ysbrand Cosijn), New York; **8.5** Shutterstock (Kiselev Andrey Valerevich), New York; **10.1** Shutterstock (Nikodash), New York; **10.2** Shutterstock (SpeedKingz), New York; **10.3** Shutterstock (Arina P Habich), New York; **11.1** Shutterstock (B-D-S Piotr Marcinski), New York; **14.1** Shutterstock (Valua Vitaly), New York; **14.2** Shutterstock (Billion Photos), New York; **14.3** Shutterstock (PH888), New York; **15.1** Shutterstock (bbernard), New York; **16.1** Shutterstock (stockphoto-graf), New York; **16.2** Shutterstock (Georgethefourth), New York; **18.1** Shutterstock (5 second Studio), New York; **18.2** Shutterstock (Dani Vincek), New York; **18.3** Shutterstock (ESB Professional), New York; **18.4** Shutterstock (AJR_photo), New York; **20.1** Shutterstock (Angel Simon), New York; **20.2** Shutterstock (David Smart), New York; **20.3** Shutterstock (irabel8), New York; **20.4** Shutterstock (Nattika), New York; **20.5** Shutterstock (OlesyaSH), New York; **20.6** Shutterstock (Subbotina Anna), New York; **20.7** Shutterstock (Ray B Stone), New York; **20.8** Shutterstock (bergamont), New York; **20.9** Shutterstock (istetiana), New York; **22.1** Shutterstock (matsabe), New York; **23.1** Shutterstock (WAYHOME studio), New York; **23.2** Shutterstock (Darren Baker), New York; **23.3** Shutterstock (cheapbooks), New York; **26.1** Shutterstock (aerogondo2), New York; **26.3** Shutterstock (majivecka), New York; **26.4** Shutterstock (Photoonlife), New York; **26.5** Shutterstock (andriano.cz), New York; **27.1** Shutterstock (MvanCaspel), New York; **28.1** Shutterstock (Ronald Rampsch), New York; **28.2** Shutterstock (bellena), New York; **28.3** Shutterstock (Iakov Filimonov), New York; **29.1** Shutterstock (Dudarev Mikhail), New York; **29.2** Shutterstock (Maglara), New York; **31.1** stock.adobe.com (mrivserg), Dublin; **31.2** Shutterstock (NAPA), New York; **31.3** Shutterstock (Makc), New York; **31.4** Shutterstock (Thirteen), New York; **31.5** 123RF.com (blasbike), Nidderau; **31.6** Shutterstock (urfin), New York; **31.7** Shutterstock (Scanrail1), New York; **31.8** Shutterstock (Timaldo), New York; **31.9** stock.adobe.com (Cello Armstrong), Dublin; **31.10** Shutterstock (phive), New York; **32.1** Shutterstock (Ljupco Smokovski), New York; **35.1** Shutterstock (Tom Wang), New York; **36.1** Shutterstock (MikeDotta), New York; **37.1** Shutterstock (Belish), New York; **39.1** Shutterstock (Arina P Habich), New York; **39.2** Shutterstock (Monkey Business Images), New York; **42.1** © INITIATIVE auslandszeit; **43.1** Shutterstock (Delpixel), New York; **44.1** Shutterstock (Billion Photos), New York; **44.2** Shutterstock (viphotos), New York; **45.1** Shutterstock (Jack Frog), New York; **46.1** Shutterstock (Tamara Fesenko), New York; **47.1** Shutterstock (DaLiu), New York; **48.1** Shutterstock (Yemets), New York; **49.1** Shutterstock (Microgen), New York; **50.1** Shutterstock (Monkey Business Images), New York; **50.2** Shutterstock (Monkey Business Images), New York; **51.1** Shutterstock (Alina Demidenko), New York; **54.1** Shutterstock (Alexey Kabanov), New York; **55.1** Fahrprüfung: Shutterstock (Syda Productions), New York; **55.2** Maler: Shutterstock (RomanR), New York; **55.3** Krankenpflege: Shutterstock (Alexander Raths), New York; **55.4** Stewardess: Shutterstock (CandyBox Images), New York; **56.1** Shutterstock (ALPA PROD), New York; **57.1** Shutterstock (Syda Productions), New York; **58.1** Shutterstock (Hein Nouwens), New York; **61.1** Bundestag: Shutterstock (Spreefoto), New York; **61.2** Bundesländer: Shutterstock (Toenne), New York; **61.3** CDU-Logo: CDU Deutschlands; **61.4** FDP: © fdp.de; **61.5** Logo Piraten: Piratenpartei Deutschland (veröffentlicht unter CC BY-SA 3.0); **61.6** CSU: CHRISTLICH-SOZIALE UNION; **61.7** SPD: © SPD; **61.8** Die Grünen: Quelle: www.gruene.de; **61.9** Die Linke: DIE LINKE; **63.1** Shutterstock (Jack Frog), New York; **64.1** Shutterstock (VH-studio), New York; **65.1** Shutterstock (goodluz), New York; **65.2** Shutterstock (Monkey Business Images), New York; **66.1** Shutterstock (J.A. Dunbar), New York; **66.2** Shutterstock (Monkey Business Images), New York; **66.3** Shutterstock (Phovoir), New York; **67.1** Ekaterina Zacharova, Repro: Raphael Lichius; **69.1** Cover Nach vorn: © Tyrolia Verlag